(H-2) 1568

MON PETIT

PORTE-FEUILLE

TOME I.

MON
PETIT
PORTE-FEUILLE.

TOME PREMIER.

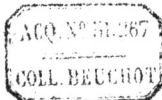

LONDRES.

M. DCC. LXXIV.

PREFACE,
AVIS
OU
AVERTISSEMENT.

JE ne fuis point auteur, quoique
j'aie déja plus de vingt ans ; &, Dieu
merci, je n'ai encore ni le temps ni
l'humeur de faire des livres. Mais
j'aime à lire, & à profiter de ce que
je lis. Voilà l'origine de ce petit
Recueil, où l'on trouvera du férieux,
du comique, un peu de fatyre, en
un mot, fi je ne me trompe, tout
ce qui caractérife un Porte-feuille
choifi.

Si les morceaux qu'il contient
étoient de moi, je dirois que c'eft
à regret que je les publie, & qu'une

Tome I.   A

main indiferete vouloit me les déroa
ber ; ou bien, fi la modeftie ne me
fembloit pas un titre pour réuffir
dans un temps où il faut un peu fe
vanter, je critiquerois tous mes dé-
vanciers, & quand j'aurois renverfé
leurs ftatues, la mienne s'éleveroit
fur les débris des autres.

Mais, encore une fois, je fuis
Editeur, & prefque toutes les Pieces
que j'ai raffemblées font forties de la
plume d'hommes célebres. Plufieurs
n'ont point été imprimées, ou manquent aux Œuvres de Racine, de
Boileau, de Piron, de Mr. de Voltaire, &c. &c. Les indiquer, c'eft
faire fentir tout le prix du Recueil
deftiné à les réunir. Malheur aux
Ouvrages qu'on eft obligé de louer
dans une grande préface!

MON PETIT
PORTE-FEUILLE.

SONNET DE RACINE

Sur la Troade de Pradon.

D'Un crêpe noir Hecube embeguinée
Lamente, pleure, & grimace toujours,
Dames en deuil courent à son secours,
Oncques ne fut plus lugubre journée.

Ulysse vient, fait nargue à l'Hymenée
Le cœur féru de nouvelles amours,
Pirrhus & lui font des vaillants discours;
Mais aux discours leur vaillance est bornée.

Après cela plus que confusion :
Tant il n'en fut dans la grande Illyon
Lors de la nuit aux Troyens si fatale.

En vain Baron attend le brouhaha
Point n'oferoit en faire la cabale,
Un chacun baille & s'endort ou s'en va.

AUTRE DU MEME

Sur la Tragédie de Genferie de Madame
Desboulieres.

LA jeune Eudoxe eft une bonne enfant,
La vieille Eudoxe une franche diableffe,
Et Genferic un Roi fourbe & méchant
Digne héros d'une méchante piece.

Pour Trafimond c'eft un pauvre innocent,
Et Sophronie en vain pour lui s'empreffe;
Hunneric eft un homme affez indifférent
Qui comme on veut, & la prend & la laiffe.

Et fur le tout le fujet eft traité
Dieu fait comment! auteur de qualité (1)
Vous vous cachez en donnant cet ouvrage.

C'eft fort bien fait de fe cacher ainfi,
Mais pour agir en perfonne bien fage,
Il nous falloit cacher la piece auffi.

(1) Pendant quelque-temps on avoit attribué Genferie au Duc de Nevers.

MADRIGAL DU MEME,

*Mis à la tête d'un ouvrage de M. le Duc
du Maine alors enfant.*

C'eſt M. le Duc du Maine qui parle.

NE penſez pas, Meſſieurs les beaux Eſprits,
Que je veuille par mes écrits
Prendre place au Temple de Mémoire.
Savez-vous de qui je ſuis fils?
Il me faut bien une autre gloire,
Et des lauriers de plus grand prix.

Ces trois pieces ne ſont point imprimées
dans les Œuvres de Racine, même dans
l'édition que M. Luneau a honoré de ſon
commentaire. On peut remarquer ici en
paſſant une bevue échappée à cet éditeur.
Parmi les pieces qui compoſent ſon ſupplé-
ment aux Œuvres de Racine, il a mis le
Santolius pœnitens qui n'eſt point de lui,
& ne parle pas même de la traduction qu'on
lui a attribuée. Cette traduction eſt dans
toutes les éditions des Œuvres de Santeuil.

A iij

FRAGMENT
D'UN SONNET
SUR
MR. COLBERT.

Impromptu de Boileau.

EN vain mille jaloux qu'offenfe la vertu,
Et dont on voit l'orgueil à tes pieds abbatu,
De tes fages exploits veulent fouiller la gloire.

L'Univers qui les fait n'a qu'à les publier;
Contre tes ennemis laiffe parler l'Hiftoire:
C'eft au Ciel qui te guide à te juftifier.

LETTRE

De Boileau à M. Brossette.

Du 15 Juin 1704.

J'Ai naturellement peu d'inclination pour
la fcience du Droit civil. Il m'a paru, étant
jeune & voulant l'étudier, que la raifon
qu'on y cultivoit, n'étoit point la raifon
humaine , & celle qu'on appelle le bon
fens ; mais une raifon particuliere fondée
fur une multitude de loix qui fe contredi-
fent les unes les autres , & où l'on fe remplit la mémoire fans fe perfectionner l'efprit. Je me fouviens même que, dans ce
temps-là je fis fur ce fujet des Vers Latins
ïambes qui commencoient par:

> O mille nexibus non definentium
> Fecunda rixarum parens ,
> Quid intricatis retibus jura impedis!

J'ai oublié le refte. Il m'eft pourtant encore demeuré dans la mémoire que j'y com-
parois les loix du digefte , aux dents de
dragon que fema Cadmus, & dont il naif-

foit des gens armés, qui fe tuoient les uns
& les autres. La lecture du livre de M.
Domat (1) m'a fait changer d'avis, & m'a
fait voir dans cette fcience une raifon que
je n'y avois pas vue jufques-là. C'étoit un
homme admirable. Vous me faites grand
honneur de me comparer à lui, & de mettre en parallele un miférable faifeur de fa-
tyres avec le reftaurateur de la raifon dans
la jurifprudence. On m'a dit qu'on le cite
déja tout haut dans les plaidoiries comme
Balde & Cujas; & on a raifon, car, à mon
fens, il vaut mieux qu'eux.

(1) En 1704 M. Broffette envoya à Boileau un Livre
de Jurifprudence, dans la Préface duquel il faifoit l'é-
loge de l'Auteur des Loix civiles.

Cette lettre & la fuivante manquent dans le recueil
des Œuvres de Boileau.

EXTRAIT

D'une autre Lettre de Boileau à un de ses amis qui le consulta sur des Vers qu'il avoit fait contre la Comédie.

AUtant que je puis me ressouvenir de votre derniere piece, vous prenez le change, & vous y confondez la Comédienne avec la Comédie, que, dans més raisonnemens avec le Pere Masillon, j'ai comme vous savez, entiérément séparées. Du reste vous y avancez une maxime qui n'est pas, ce me semble, soutenable : c'est à savoir qu'une chose qui peut produire quelquefois de mauvais effets dans des esprits vicieux, quoique non vicieuse d'elle-même, doit être absolument défendue, quoiqu'elle puisse d'ailleurs servir au délassement & à l'instruction des hommes. Si cela est, il ne sera plus permis de peindre dans les Eglises des Vierges Maries, ni des Suzanes, ni des Madelaines agréables de visage, puisqu'il peut fort bien arriver que leur aspect excite la concupiscence d'un esprit corrompu. La vertu convertit tout

A v

en bien , & le vice tout en mal. Si votre
maxime eſt reçue, il ne faudra plus non-
ſeulement voir repréſenter ni Comédie , ni
Tragédie ; mais il n'en faudra plus lire aucune : il ne faudra plus lire , ni Térence ,
ni Sophocle , ni Homere , ni Virgile , ni
Théocrite , & voilà ce que demandoit Ju-
lien l'Apoſtat , & ce qui lui attira cette
épouvantable diffamation de la part des
Peres de l'Egliſe. Croyez-moi, Monſieur ,
attaquez nos Tragédies & nos Comédies ,
puiſqu'elles ſont ordinairement fort vicieu-
ſes : mais n'attaquez point la Tragédie &
la Comédie en général, puiſqu'elles ſont
d'elles mêmes indifférentes, comme le ſon-
net & les odes ; qu'elles ont quelquefois
rectifié l'homme , plus que les meilleures
prédications. Et pour vous en donner un
exemple admirable , je vous dirai qu'un
très-grand Prince (1) qui avoit danſé à
pluſieurs ballets, ayant vu jouer le Bri-
tannicus de M. Racine, où la fureur de
Neron à monter ſur le Théatre eſt ſi bien
attaquée , il ne danſera plus à aucun bal-
let, non pas même au temps du Carnaval.
Il n'eſt pas concevable de combien de choſes la Comédie a guéri les hommes capa-

---

(1) Louis XIV.

bles d'être guéris : car j'avoue qu'il y en
a que tout rend malades. Enfin , Monfieur, je vous foutiens, quoiqu'en dife le
Pere Mafillon, que le Poëme dramatique
eft une Poéfie indifférente de foi même,
& qui n'eft mauvaife que par le mauvais
ufage qu'on en fait. Je foutiens que l'a-
mour exprimé chaftement dans cette Poéfie , non-feulement n'infpire point l'amour,
mais peut beaucoup contribuer à guérir
de l'amour les efprits bien faits, pourvu
qu'on n'y répande point d'images, ni de
fentiments voluptueux. Que s'il y a quelqu'un qui ne laiffe pas malgré cette pré-
caution de s'y corrompre, la faute vient
de lui & non pas de la Comédie. Du refte , je vous abandonne le Comédien, & la
plupart de nos Poëtes, & même M. Racine en plufieurs de fes pieces. Enfin , Monfieur , fouvenez-vous que l'amour d'Hé-
rode pour Mariamne dans Jofephe , eft
peint avec les traits les plus fenfibles
de la vérité : cependant qui eft le fou qui
a jamais pour cela défendu la lecture de
Jofephe ?

A vj

PORTRAIT

D'un Contrôleur Général,

PAR FONTENELLE. (1)

AUx yeux du vulgaire, il (le Contrôleur Général des Finances) paroît parfai-
tement heureux. Semblable à ces Dieux
que l'antiquité imaginoit à la source des
grands fleuves, il est appuyé sur l'urne d'où
coulent les trésors ; il en regle le cours à
son gré , & il en arrose les campagnes ,
qu'il lui plaît de favoriser.

Ce qui est le plus nécessaire aux divers
besoins des hommes, ce qui l'est encore
davantage à leur avidité, est uniquement
entre ses mains.

Aussi , quelle foule de suppliants autour
de lui ! le moment de son élevation lui donne un monde d'esclaves , attachés à lui
par les indissolubles chaînes de l'intérêt.

---

(1) Ce morceau est extrait du Discours manuscrit pro-
noncé par M. Le Haguai , Avocat Général de la Cour des
Aides à la présentation des Lettres de M. le Chancelier
de Pontchartrain , M. de Fontenelle travailloit pour M.
Le Haguai.

Les plus superbes n'auroient pas de quoi soutenir leur orgueil, s'ils ne se prosternoient à ses pieds; & il devient le centre où aboutissent tous les vœux & tous les respects que produit la plus générale de toutes les passions.

Honoré de la plus intime confiance du Prince, il en tire encore un nouvel éclat. Cette majesté presqu'inaccessible aux autres, séparées des plus Grands de l'Etat par un prodigieux intervalle, se laisse voir à lui, & plus souvent & de plus près. Il jouit de la précieuse facilité d'approcher d'elle, & elle souffre qu'il soit présent, & quelquefois même qu'il prenne part à la naissance de ces desseins secrets, d'où dépendent les destinées des hommes.

Vaine & trompeuse félicité dont tout l'enchantement disparoît au premier regard de la raison!

Tous les besoins d'un grand Royaume pésent sur celui qui préside aux Finances. Toutes les maladies de l'Etat ont droit d'aller troubler son repos, où, pour mieux dire, elles se font toutes sentir à lui.

Sans cesse de nouveaux maux lui demandent de nouveaux remedes; souvent de ces remedes même il renaît des maux qu'il faut encore guérir, & cet emploi si

Brillant & si désirable en apparence, n'est au fond que le supplice de cet homme condamné par les Dieux à rouler toujours, jusqu'au haut d'une montagne, une pierre d'un poids énorme, qui retomboit toujours.

Mais ce qui doit le plus coûter à un bon citoyen, il faut que par les maux particuliers il prévienne ou soulage les maux publics; qu'il s'attende que ce soin même paroîtra barbare à tout un Royaume, qui sent les coups qu'on lui porte, & ne voit pas ceux qu'on lui épargne; qu'il exerce les rigueurs dont l'utilité éloignée & peu sensible, ne le justifient pas auprès de ceux qui les souffrent; qu'il se refuse d'écouter les gémissemens, légitimes du moins par la douleur présente; que pour prix de ses travaux & de ses veilles, il soit l'objet de toutes les plaintes de ce même peuple dont il assure le repos; qu'il s'entende reprocher jusqu'à la stérilité des campagnes, & devienne responsable des rigueurs du Ciel.

Enfin, (& quel supplice pour un cœur sincere) c'est un de ses principaux devoirs de rassurer par son extérieur, ceux qui tremblent pour la fortune de l'État. Il faut qu'aux présages les plus menaçans il oppose un visage serein; qu'il se donne un

air tranquille au milieu des plus cruelles
inquiétudes ; & que malgré la plus vive
sensibilité, il s'efforce de contrefaire l'in-
sensible.

En vain, pour se délasser d'un soin con-
tinuel & de la contrainte qu'il s'impose en
public, il se réfugie pour quelques momens dans son domestique ; il s'y trouve
aussitôt environné de courtisans que sa fortune lui a rassemblé de toutes parts, ou
d'amis qu'elle lui a faits, tous également
ardens à recueillir le fruit de son élévation
& de ses peines, tous également fertiles
& inépuisables en demandes, presque tous
comblés sans être satisfaits, & tout au
moins ingrats par leur insatiable avidité.

Pour qui cet emploi si pénible l'a-t-il jamais plus été que pour M. le Chancelier.

Encore si avant que d'y parvenir, il en
avoit fait l'objet de ses vœux les plus secrets & de sa plus délicate conduite, si son
imagination avoit été long-temps enflam-
mée ou du désir, ou de l'espérance, il eut
moins senti des maux qu'il auroit recher-
chés, & l'ambition satisfaite lui eut fait
aimer jusqu'à ses peines.

Mais ni sa modération ne lui en permet-
toit le désir, ni les conjonctures n'en auroient permis l'espérance aux plus ambi-
tieux.

Un coup imprévu de la fageffe du Souverain, pareil en quelque façon à ces coups de la Providence qui ne tiennent point à la chaîne ordinaire des événemens, l'enleva fubitement du fein de la Magiftrature qui l'avoit nourri, & le tranfporta dans une place où tout étoit nouveau, même à fa penfée.

Il y entre, & le plus grand, le plus menaçant des dangers s'offre à lui pour fon coup d'effai. Il n'a pas le loifir de s'inftruire, ni d'attendre les tardives leçons de l'expérience; & quels efforts font néceffaires au plus fublime efprit, pour fuppléer par fes feules vues aux connoiffances acquifes.

Quelque fecours qu'il tira de cette prompte intelligence qui lui épargne le long circuit des raifonnemens ordinaires, de cette vivacité de lumiere, qui faifit le vrai fi fûrement, qu'elle ne laiffe prefque plus rien à faire aux réflexions, il fallut cependant qu'une extrême application lui tînt lieu d'une longue habitude, & que la force du travail applanit les difficultés qu'il n'appartient ordinairement qu'à l'ufage de furmonter, &c.

ÉPIGRAMME

Contre les critiques du Catilina de Crébillon.

UN jour le peuple Pygmée,
De taille au-deſſus de fourmi,
Sur le bon Hercule endormi,
Vint s'aſſembler en corps d'armée;
Tout ce camp, d'aiguillons muni,
A le picoter s'évertue.
Que fait Hercule? Il éternue,
Et voilà le combat fini.

ROI.

VERS

DE

M. DE VOLTAIRE

A M. Cloifier de Montpellier qui lui avoit envoyé un Poëme fur la Grace.

Lorfque vous me parlez des graces naturelles
　Du héros votre Commandant
Et de la Déité qu'on adore à Bruxelles,
　C'eft un langage qu'on entend.
La Grace du Seigneur eft bien d'une autre efpece.
Moins vous me l'expliquez plus vous en parlez
　　　bien :
　　Je l'adore & n'y comprends rien.
　　L'attendre & l'ignorer, voilà notre fageffe.
Tout Docteur, il eft vrai, fait le fecret de Dieu,
Elus de l'autre monde, ils font dignes d'envie.
　　Mais qui vit auprès d'Emilie
　　Ou bien auprès de Richelieu
　　Eft un élu de cette vie.

RÉPONSE

DE

M. DE VOLTAIRE

A M. Deodati, Auteur d'une Differtation
Françoife fur l'excellence de la Langue
Italienne.

ETalez moins votre abondance,
Votre origine & vos honneurs;
Il ne fied pas aux grands Seigneurs
De fe vanter de leur naiffance.

�֍

L'Italie inftruifit la France,
Mais par un reproche indifcret,
Nous ferions forcés à regret
A manquer de reconnoiffance.

✖

Dès long-temps fortie de l'enfance,
Nous avons quitté les genoux
D'une nourrice en décadence,
Dont le lait n'eft plus fait pour nous.

�֍

Nous pourrions devenir jaloux
Quand vous parlez notre langage,
Puisqu'il est embelli par vous ,
Cessez donc de lui faire outrage.

✖

L'égalité contente un sage,
Terminons ainsi le procès.
Quand on est égal aux Français ,
Ce n'est pas un mauvais partage.

ÉPIGRAMME
DU
MEME AUTEUR
SUR LA
RECEPTION
DE DANCHET A L'ACADEMIE.

DAnchet fi méprifé jadis,
Apprend aux pauvres de génie
Qu'on peut gagner l'Académie
Comme on gagne le Paradis.

VERS

DE

M. DE VOLTAIRE

A

Mme. LA COMTESSE DE ***,

Pour excuser un jeune homme qui étoit devenu amoureux d'elle.

Il est difficile de taire
Ce qu'on sent au fond de son cœur;
L'exprimer est une autre affaire.
Il ne faut point parler qu'on ne soit sûr de plaire;
Souvent on est un fat en montrant tant d'ardeur;
Mais soupirer tout bas seroit-ce vous déplaire?
Puniffez-vous ainsi qu'un téméraire,
L'amant discret, soumis dans son malheur,
Qui sait cacher sa flamme & sa douleur?
Ah! trop de gens vous mettroient en colere.

AUTRES
DU
MÊME.

DE C......j'apperçus l'autre jour
Les yeux charmans s'enflammer de colere.
J'allai m'en plaindre au maître de Cythere,
Au grand Dieu qu'on appelle amour.
   Hélas! ta plainte est inutile,
Me dit ce Dieu, tu perdras tous tes yeux,
    Lui plaire n'est pas facile,
    La choquer est dangereux,
    La séduire est difficile.
J'y suis embarassé, moi-même avec mes feux,
Avec tout mon pouvoir, & mes soins & mon zele,
    Et tu n'es pas le premier malheureux
    Qui vient à moi se plaindre d'elle,

AUTRES

DU

MÊME,

Sur le Louvre.

MOnumens imparfaits de ce siecle vanté,
Qui sur tous les beaux arts a fondé sa mémoire.
Vous verrai-je toujours, en attestant sa gloire,
Faire un juste reproche à sa postérité ?

Faut-il que l'on s'indigne alors qu'on vous admire,
Et que les nations, qui veulent nous braver,
Fieres de nos défauts, soient en droit de nous dire,
Que nous commençons tout pour ne rien achever ?

Sous quels débris honteux, sous quel amas rus-
        tique,
On laisse ensévelis ces chef-d'œuvres divins !
Quel barbare a mêlé la bassesse gothique
A toute la grandeur des Grecs & des Romains.

Louvre

Louvre, Palais pompeux dont la France s'honore,
Sois digne de ton Roi, ton maître & notre appui ;
Embellis ces climats que sa vertu décore,
Et dans tout ton éclat, montre-toi comme lui.

AUTRES

DU MEME.

A

Me. LA COMTESSE DE LA NEUVILLE,

En lui envoyant l'Epître sur la Calomnie.

PArcourez donc de vos yeux pleins d'attraits;
    Ces vers contre la calomnie.
Ce monftre dangereux ne vous bleffa jamais,
Vous êtes cependant fa plus grande ennemie.
    Votre efprit fage & mefuré,
    Non moins indulgent qu'éclairé,
    Excufe quand il peut médire;
    Et des vices de l'univers,
    Votre vertu plus que mes vers,
    Fait à tout moment la fatyre.

LA FOI.

ODE

Par l'Abbé Poncy de Neuville.

Vil esclave des sens & courbé vers la terre,
L'homme en tes mains, Seigneur, allume le tonnerre,
Souille tes saints regards, ose enfraindre ta loi.
L'insensé chaque jour insulte à ta puissance;
      D'où naît cette licence?
Pécheur audacieux, l'homme n'a plus de foi.

Ô foi de nos ayeux, active, obéissante,
Et non comme en nos jours, superbe & languissante,
Revenez nous apprendre à croire, à tout souffrir.
Que nous sommes, hélas, différens de nos peres,
      Scrutateurs des mysteres,
Nous savons disputer ; eux seuls savoient mourir.

Le sexe dans ces temps fertiles en miracles,
Loin de vouloir fonder des célestes oracles,

B ij

Les voiles respectés , les saintes profondeurs;
Des plus cruels tourmens souffroit la violence ,
  Dans un humble silence ,
Et d'un maître invisible adoroit les grandeurs.

***

La foi régnoit alors , Ciel! quels fameux prodiges!
Tout l'enfer en courroux arme en vain ses prestiges ,
La foi triomphe , elle ouvre & ferme les tombeaux.
Dans le sang des Martyrs on s'empresse à l'étein-
  dre ,
  Mais elle , sans rien craindre,
Aux feux de leurs bûchers rallume ses flambeaux.

***

Déja de toutes parts les Saints vainqueurs du monde,
Méprisent ces faux biens où notre espoir se fonde;
Le plus affreux trépas a pour eux des douceurs.
Aurore d'un beau jour les biens que leur apprête,
  Transforme sur leur tête ,
Les funebres cyprès en immortelles fleurs.

***

Par la foi nous pouvons transporter les montagnes,
Nous pouvons dans le sein des arides campagnes,
Soudain faire jaillir les torrens sous nos pas :

Et fi quand le malheur rend mon ame craintive,
J'avois cette foi vive,
L'univers ébranlé ne m'ébranleroit pas.

❊

Contre mes ennemis, plus ferme que le fage,
Dont Zénon nous a peint le fublime courage ;
En toi feul ô mon Dieu, j'oferois efpérer ;
Et je verrois partir de leurs mains imprudentes,
Mille flêches ardentes,
Qui jamais jufqu'à moi ne pourroient pénétrer.

❊

Donnez-moi, Dieu puiffant, cette foi magnanime,
Que foutient l'efpérance & que l'amour anime,
Mes vœux vous font connus daignez les accompfir,
Fuyez, monde trompeur, je fens l'immenfe vuide
D'un cœur toujours avide ;
Plus immenfe que lui, Dieu feul peut le remplir.

❊

La foi mit fur mon front un facré caractere,
Ceffons de prodiguer un hommage adultere
A des Dieux impuiffants & comme nous mortels:
Ces Dieux ne valent pas de fi nobles victimes,
C'oft partager leurs crimes,
Que d'offrir de l'encens fur leurs impurs autels,

B iij

ÉLOGE

DU

VAUDEVILLE.

QUe feroit-on dans un repas
    Si la chanfon n'en étoit pas,
Malgré la quantité des mets appétiffants,
Qu'avec un ordre exquis fur la table on entaffe;
Bientôt le fombre ennui vient affoupir les fens
    Dans une langueur infipide ;
    Sur l'affiette baiffant les yeux ,
Tous les gens du feftin gardent le férieux ,
Les hommes font pefans , le beau fexe timide ,
Point de gaité , cela dure jufqu'au deffert ;
    Mais auffitôt que l'on le fert ,
    Le joyeux Vaudeville arrive ;
Quel changement , fa voix récréative
De tous les conviés excite les tranfports ,
Rend la prude moins fiere & l'agnès moins crain-
    tive,
La liberté renaît , on s'épanche au-dehors ,
    Plus de contrainte , c'eft alors
Que l'hôte plus aimable & l'hôteffe plus vive ,
Font couler à longs traits les liquides tréfors
Que la Seine pour nous conduit fur cette rive :
    C'eft alors qu'un joyeux convive ,

Saififfant un flacon fceilé,
Qui de Rheims & d'Aix tient la liqueur captive,
Fait fauter jufqu'à la folive
Le liege déficelé.
Tout le cercle attentif porte un regard avide,
Sur cet objet qui les ravit;
Chacun préfente un verre vuide,
Le nectar pétillant auffitôt le remplit :
On boit, on goûte, on applaudit,
On redouble, & par l'affemblée
La mouffe Champenoife à plein verre eft fablée.
Delà naiffent les ris, les tranfports éclattans
La fève & la vapeur jufqu'aux cerveaux montans
Font naître des débats, des querelles polies,
Qui réveillent l'efprit de tous les affiftans.
On attaque, on répond, les traits & les faillies,
L'un à l'autre enchaînés partent à tous inftans ;
On voit paroître alors ces fornettes jolies,
Ces contes amufans, ces riens dits à propos,
Badinage, impromptu, fleurettes, petits mots.
Enfin tout ce recueil d'agréables folies,
Qui du temps fugitif femblent fixer le cours,
Prolongent les repas & les font trouver courts.

FRAGMENT

D'UN

VAUDEVILLE

*En dialogue sur la société des deux sexes, par
le même Auteur.*

I. COUPLET.

UN ACTEUR.

Où l'on ne voit point de chapeaux,
L'ennui se mêle à tout propos ;
Sans nous que feriez-vous, Mesdames ?

UNE ACTRICE.

Où l'on ne trouve point de femmes,
Ce n'est que langueurs & dégouts ;
Sans nous, Messieurs, que feriez-vous ?

II. COUPLET.

UN ACTEUR.

Cet esprit fin, ces mots flatteurs ,

Dont vous favez charmer nos cœurs ;
Sans nous , les auriez-vous Mefdames ?

UNE ACTRICE.

Ces Madrigaux , ces Epigrammes ,
Que vous chantez à nos genoux ,
Sans nous, Meffieurs , les feriez-vous ?

MORALITÉ. *

L'humble & modefte Violette ,
Cache fous l'herbe. fes appas ;
C'eft l'image d'une brunette ,
Qui plaît en ne le croyant pas.

PANARD.

---

* Il n'eft pas imprimé dans fes œuvres.

B v

HISTOIRE

DU

POETE SADY,

Tirée d'un Manuscrit de la Bibliòteque du Roi.

S Ady fut, comme on fait, un Poëte très-célebre dans la Perfe. Né après des auteurs immortels, il eut le talent de cueillir des fleurs nouvelles fur le Parnaffe. Il eft vrai qu'on pouvoit lui reprocher d'avoir imité, copie même quelquefois des vers de plu-fieurs Poëtes plus anciens & moins connus que lui. Mais il favoit alors même donner un tour qui lui étoit propre, & le plagiaire avoit l'art de paroître original.

Sa réputation s'eft foutenue long-temps avec le même éclat. Il la perdit peu à peu en voulant devenir univerfel. Déja célebre par des Poëfies dans tous les genres, il fut encore Hiftorien, Moralifte, Phyficien & maître d'Orthographe. On l'admira fous tous ces rapports, mais il n'en fut pas plus estimé comme homme.

Un grand génie qui l'avoit précédé jouissoit de la réputation la mieux établie. Il avoit influé sur les mœurs de sa nation en substituant un Théatre régulier à des parades & à des farces très-informes. Sady sous prétexte de l'honorer d'un paraphrase, l'outragea par des critiques quelquefois injustes; il se plut à dévoiler les foiblesses des ouvrages dont la lecture l'avoit formé lui-même.

Sady sur la fin de ses jours eut la manie de répéter ce qu'il avoit dit cent fois mieux dans sa jeunesse. (1) On s'apperçut de cette folie, sur-tout depuis le voyage qu'il prétendit avoir fait chez un peuple appellé les W. Depuis cette époque tout étoit W. pour lui. Il rappella les W. dans presque tous ses écrits.

Chassé d'Hispahan sa patrie & des pays où il s'étoit refugié, il mourut sans exciter de regrets.

***

(1) Le Dieu du Goût n'avoit pas donné à Sady, l'avis que M. de Voltaire reçut dans sa jeunesse.

N'imites pas la foiblesse
Qu'il eût de rimer trop long-temps,
La froide & triste vieillesse,
N'est faite que pour le bon sens.
VOLTAIRE, TEMP. DU GOUT.
B vj

Après son décès , on nuisit encore plus à
sa réputation. Quelques-uns de ces hommes qui vivent des sottises des morts, vou-
lurent se venger de lui ; en publiant sous son
nom des Romans à peine ébranchés , & même deux ou trois Tragédies trouvées dans
ses papiers , & qu'ils remplirent de vers foi-
bles pour les mieux défigurer.

Sady étoit inconséquent. Il médisoit sans
cesse de la Divinité , & dès qu'il sentoit le
plus léger accès du mal , on le voyoit entou-
ré de Sedres , (1) occupés à calmer ses re-
mords.

Voici la traduction de l'Epitaphe, qu'on
mit sur son tombeau par ordre du Roi de
Perse , qui l'avoit protégé long-temps. Elle
est beaucoup plus énergique dans le Persan.

Cy git qui méconnut & ses Dieux & son maître ;
    Esprit fécond , vif & brillant ;
      Il eut été beaucoup plus grand,
      S'il eut moins voulu le paroître.

---

(1) Ce sont les Prêtres des Persans.

LETTRE

DE

M. PIRON,

A M. Le Fevre, neveu de M. de la Motte, en lui envoyant fes œuvres.

Du 8 Fevrier 1759.

PErfonne affurément n'eut plus de droit que vous, Monfieur, au premier exemplaire de mes Œuvres, mais vous le favez, dans le temps de la diftribution, votre fanté étoit en tel état que le Médecin chez vous, fermoit la porte au Poëte, l'opium étant en effet alors pour vous la drogue du monde la moins de faifon. Le foin conftant que j'ai eu de m'informer d'une fanté fi chere aux honnêtes gens, me vaut enfin l'heureufe nouvelle que j'attendois impatiemment. M. l'Abbé Trublet m'apprend que vous vous portez à merveille, & fur le champ j'envoye mon livre au relieur. En cas que la chofe ait mérité que vous me fiffiez l'hon-

neur d'y fonger, ne m'imputez donc pas
une inattention qui feroit impardonnable.
Ma mufe vous dira le refte. Voyez s'il vous
plaît à la tête du premier volume, & quand
vous aurez lû fon compliment, fourez moi
dans un petit coin de votre bibliotheque,
le plus bas que vous pourrez au-deſſous de
M. votre Oncle, dont je fus & je fuis toujours le plus grand & le plus fincere ad-
mirateur, comme auffi je fuis & ferai toute
ma vie avec toute la confidération poffible
de fon neveu bien aimé, le très-obéiffant
ferviteur.

VERS

DE

M. PIRON.

[Envoyés avec la lettre précédente.

SAge & digne neveu d'un illuftre Ecrivain,
Orateur & Poëte, en tout genre admirable,
Efprit univerfel, également capable
Du naïf, & du beau, du fublime & du fin,
  Ici tout neuf, & là foudain,
  Imitateur inimitable.
Philofophe, du refte, humain, doux, agréable
Et d'un très-bon exemple à tous nos beaux efprits,
Qui (s'ils en profitoient comme de fes écrits)
  Du monde feroient moins la fable,
  Et rehaufferoient bien le prix.
Le Fevre, tu m'as fait préfent de fes ouvrages
Que j'ai cent fois lû & relû,
Et qui réuniront à coup fûr les fuffrages,
  Quand l'envieux ne fera plus.
Pour ces nouveaux écrits fi dignes de louanges,
  Je te donne aujourd'hui les miens;
  Je conviens que c'eft en échange,
  Pour un tréfor donner des riens.

Donner l'écolier pour le maître.
Mais quoi ! je t'offre ce que j'ai ;
Et m'acquittant si mal , je te laisse à connoître ,
Combien je te reste obligé.

COUPLETS

DE

M. PIRON,

Tirés de son Opéra-Comique intitulé le Réveil-matin.

DEfiez-vous de l'Hymenée,
L'époux débute en vrai lutin ;
Mais dès la feconde nuitée,
Il lui faut un réveil - matin.

Entre amans c'eft une autre affaire,
Mais auffi l'amour eft bien fin ;
A chaque horloge de Cithére,
Il met un bon réveil-matin.

EPIGRAMME

DU

MEME,

Non imprimée.

Pour le Badaut du Parterre,
Piron prend un vol trop haut ;
Ce n'eft qu'un vol terre à terre
Qu'il lui faut. *

* Piron fit ce couplet impromptu en fortant de la
repréfentation d'une de fes pieces qui n'avoit pas réuffi
aux François, c'étoit du temps des grands fuccès de M,
de Voltaire.

EPIGRAMME

DU

MEME,

Contre les doutes de M. de Voltaire fur le Teftament du Cardinal de Richelieu.

QUi s'infcrivit en faux fans craindre l'anathême
Contre le Teftament de Dieu,
A bien pu s'infcrire de même,
Contre celui de Richelieu.

AUTRE

DU

MEME,

Sur la réception de M*** à l'Académie.
le Comte de Clermont.

Lorsque l'on reçoit Orante,
Pourquoi tant crier haro.,
Dans le nombre de quarante,
Ne faut-il pas un zéro ?

ROY.

RONDEAU

DÉ

PIRON

Contre l'Année Littéraire.

DEs Feuilles de l'An littéraire
Et de leur foudre hebdomadaire
  On menace ma belle humeur ;
Et d'avoir pincé leur auteur
On me trouve un peu téméraire.
Plaifant orage imaginaire!
En dix mille ans que peut-il faire ?
Mouvoir un rofeau, quelque fleurs,
      Des feuilles.
Qu'on me laiffe rire & me plaire
  A faire danfer l'agreffeur,
Du refte je fais mon affaire.
Lrois-je au bois fi j'avois peur
      Des feuilles?

✳

EPIGRAME

CONTRE

UN PREDICATEUR,

Monsieur l'Abbé La-Tour-du-Pin
Auroit dû, dit certain critique,
Au lieu d'un rôle évangélique
Choisir un rôle d'Arlequin,
Point du tout, reprit un Abbé,
Il auroit fait une sottise ;
Au Théatre on l'auroit sifflé,
On ne siffle point à l'Eglise.

SUR

LE PROJET

Proposé par Greffet de mettre la Statue du Roi à la Colonne de l'Hôtel-Soissons.

LA Colonne de Médicis
Est odieuse à notre Histoire:
Pour en effacer la mémoire
On ne doit point être indécis.
Il faut être un hétéroclite
Pour vouloir y placer le Roi,
C'est du vainqueur de Fontenoi
Faire un saint Simçon Stylite.

PIRON.

Contre la manie de Voltaire de retraiter les ouvrages faits par d'autres.

N'En doutez point; oui, fi le premier homme
Eut eu le tic de ce faifeur de vers,
Il eut fait pis que de mordre à la pomme,
Et c'eut été bien un autre travers.
Du grand Auteur de la nature humaine
Il eut voulut refaire l'Univers
Et le refaire en moins d'une femaine.

DU MÊME.

Contre

CONTRE
LE
MEME.

Même Sujet.

CEt Ecrivain fec & vorace
Veut pour remplir feul le Parnaffe,
Anéantir tous les Auteurs,
  Et Poëtes & Profateurs :
Sur la troupe entiere, main baffe,
Pour aucun d'eux pardon ni grace.
Tel le plus fou des Empereurs *
Décapitoit avec audace
Tous les Hercules des Sculpteurs,
Pour mettre fa tête en leur place.

Du MEME.

---

* Caligula.

Tome I.   C

SUR

LE

MARIAGE.

Malgré Rome & ses adhérans,
Non, il n'est que six Sacremens.
Croire qu'il en est davantage,
C'est n'avoir pas le sens commun;
Car chacun sait que Mariage
Et Pénitence ce n'est qu'un.

COUPLET

SUR

Mde. DE POMPADOUR,

LEs Nimphes dans Cythere
Faifoient un jour
Un éloge fincere
De Pompadour.
Le trio des Graces fourit,
L'Amour applaudit,
Et Vénus bouda :
O Guet lan la , &c.

M. LE C. DE B.

Ce joli Couplet n'eft pas dans l'édition
complette de fes Œuvres imprimées à Or-
léans, chez Couret de Villeneuve. On n'y
trouve pas non plus un Acte charmant,
intitulé *Anacréon*, qui eft de M. le C. de
B. en voici quelques traits.

C ij

CHANSON

IMITÉE

D'UNE ODE D'ANACREON.

DEs Zéphirs que Flore rappelle
Je voulois chanter le retour,
Je vis Chloé : qu'elle étoit belle!
Je ne pus chanter que l'Amour.
Je lui confacrai dès ce jour
Tous mes vœux, mes vers & ma lyre.
C'eft pour Chloé que je refpire;
Je ne chante qu'elle & l'Amour.

AUTRE.

Mettre à profit tous les inftans,
Eft l'unique foin du vrai fage;
Il naît des fleurs dans tous les temps,
Il eft des plaifirs à tout âge.

PORTRAIT

D'ANACRÉON.

DEs caprices du fort je crains peu les retours,
Je jouis du préfent, j'en connois l'avantage,
    Je retrouve au déclin de l'âge
    Les jeux rians de mes beaux jours :
Livrons au doux plaifir chaque inftant qui nous
        refte,
    Et courons au terme funefte
    En jouant avec les Amours.

VERS

DE

CHEVRIER,

Tirés de fa Comédie intitulée la Campagne.

A une Coquette.

VOus aimez à jouir des droits de la beauté,
Vous agacez fans être éprife,
Et votre efprit coquet dont on eft enchanté,
Sait avec art ménager la furprife
Du foible amant qu'il a dompté;
Mais votre cœur qui bientôt le méprife
Affiche l'inconftance & la légéreté.

※

On fe pare de fes erreurs,
Et fouvent on leur doit le bonheur de fa vie:
La femme du grand monde annonce fes vapeurs,
La coquette fa perfidie,
La fatyrique fon aigreur,
Le vil protégé fa baffeffe,
Le petit colet fa fadeur,

C iv

Le Gascon son adresse,
Le parasite ses bons mots,
L'intriguant ses tracasseries,
Le petit-maître ses chevaux,
Et l'actrice ses fantaisies.

❧

Le respect ennuyeux dont on fait étalage,
Loin de nous honorer, nous donne de l'humeur.
   Ce n'est qu'un tribut de l'usage
Que par indemnité l'on paie à la laideur.

EPIGRAMME.

POur affurer notre bonheur
La banqueroute eft fort utile;
Mais je perdrois crédir, honneur,
Difoit un marchand de la ville:
Sa femme lui répond tout bas:
Peut-on perdre ce qu'on n'a pas?

FAVART.

C v

FRAGMENT

D'UNE

SCENE

Entre un Abbé & une Bourgeoife, par
le même.

L'ABBÉ.

JE fuis libre, j'ai du bien,
Cet habit-là, Madame, & rien
C'eft à-peu-près la même chofe:
On le prend pour tromper les yeux;
Plus d'un, ainfi que moi, par ce dehors impofe
Sans engagement férieux.

LA BOURGEOISE.

Vous n'en avez aucuns ?

L'ABBÉ.

Aucun s'il faut vous dire,
Je me confie à vous, à peine fais-je lire,
J'ai pris cet attirail par prudence ; par goût ;
Enfin comme un paffe-par-tout.

C'eſt moins pour moi, Madame, un état qu'un
    maintien ;
Par-là je tiens à tout en ne tenant à rien.
    On nous reçoit ſans conſéquence,
    Inſenſiblement on s'avance :
On nous goûte en faveur de la frivolité,
C'eſt en elle aujourd'hui que mon état conſiſte.
    Avec quatre doigts de battiſte
Nous pouvons être oiſifs en toute liberté.

LA BOURGEOISE.

Mais tous ces oiſifs-là demandent de l'ouvrage.

L'ABBÉ.

    Notre regne n'eſt pas tombé,
Nous nous inſinuons toujours dans le ménage ;
    Chaque maiſon a ſon Abbé,
Il y donne le ton, y joue un perſonnage.
Pour les valets, il eſt Monſieur l'Abbé,
    Pour le mari, mon cher Abbé,
Pour la femme, l'Abbé,

LA BOURGEOISE.

    Vous connoiſſez l'uſage. *

---

* C'eſt le ſecret de parvenir, &c. tiré des Fêtes de la
Paix, Opéra-Comique dont la ſaiſon eſt paſſée.

C vj

AUTRE TRAIT,

DE

LA MEME PIECE,

C'eſt un Officier qui parle.

JE ſuis le fils de ces bons payſans.
Que je les vois avec tendreſſe!
Je ne dois qu'à leurs ſentimens
Mes premiers degrés de nobleſſe.

STATUTS

POUR

L'ACADEMIE DE MUSIQUE.

Faits en 1767, à l'occasion du changement
de Directeurs.

Nous qui regnons fur des coreliffes
Et dans des magiques palais,
Nous, Juges de l'Orcheftre, Intendans des Ballets,
Premiers Infpecteurs des Achices :
　　A tous nos fideles Sujets,
Vents, Fantômes, Démons, Déeffes infernales,
Dieux de l'Olimpe & de la mer,
Habitans des bois & de l'air,
Monarques & Bergers, Satyres & Veftales;
　　Salut, à notre avénement
Chargés d'un grand peuple à conduire,
De loix à réformer, & d'abus à détruire ;
Et voulant fignaler notre Gouvernement :
Ouï notre Confeil fur chaque changement
　　Que nous defirons introduire,
Nous avons rédigé ce nouveau réglement
Conforme au bien-être de notre Empire.

ARTICLE I.

A tous Muſiciens connus ou non connus,
Soit de France ou d'Italie,
Morts ou vivans, à venir ou venus,
Permettons d'avoir du génie.

ARTICLE II.

Vu que pourtant la médiocrité
A beſoin d'être encouragée,
Toute paſſable nouveauté
Par nous ſera très-protégée:
Confreres généreux, nous ferons de grands frais
Pour doubler un petit ſuccès;
Uſant d'ailleurs d'économie
Pour les chef-d'œuvres de nos jours,
Et laiſſant la gloite au génie
De réuſſir ſans nos ſecours.

ARTICLE III.

L'Orcheſtre plus nombreux, ſous une forte peine,
Défendant que jamais on change cette loi;
Six flutes au coin de la Reine,
Et ſix flutes au coin du Roi,
Baſſe ici, baſſe là, cors de chaſſe, trompettes,
Violons, tambours, clarinettes,
Beaucoup de bruit, beaucoup de mouvement,
Sur-tout pour la meſure un batteur frénétique.

Si nous n'avons pas de musique
Ce n'est pas faute d'instrument,

ARTICLE IV.

Sur le Musicien , même sur l'ariette.
Doit peu conter l'auteur de vers,
Comme à son tour l'auteur des airs
Doit peu conter sur le Poëte.

ARTICLE V.

Si cependant , quoiqu'averti ,
Le Poëte glacé, glace toujours de même,
Comme sur l'ennui du poëme
Le Public a pris son parti ,
Que les intrigues mal tissues
N'ont plus le droit de l'effrayer;
Que même des fragmens ne peuvent l'ennuyer ,
Et quelcs nouveautés font toujours bien reçues,
Pourront quelque jour essayer
Un spectacle complet en scenes décousues.

ARTICLE VI.

Si le Poëte sans couleur,
Le Musicien sans chaleur ,
Si tous deux à la fois sans feu, sans caractere,
Ne donnent qu'un vain bruit de rimes & de sons,
En faveur des Abbés qui lorgnent au parterre
On racourcira les jupons.

ARTICLE VII.

Effrayés de l'abus énorme
Qui coupe l'intérêt par de trop longs repos,
Voulions fur les ballets étendre la réforme,
Leur ordonner fur-tout de paroître à propos,
En régler le nombre & la forme.

ARTICLE VIII.

Mais en méditant mieux nous avons découvert
Qu'à l'Opéra ce font de jolis pieds qu'on aime.
Il feroit par notre fyftême
Très-régulier & très-defert,
Que les ballets foyent donc brillans & ridicules,
Qu'on vienne encore comme jadis,
En pas de deux, en pas de fix
Tourner autour de nos Hercules.
Que la jeune Guimard en déployant fes bras,
Sautille au milieu des batailles;
Pour égayer des funérailles
Qu'Allard vienne toujours battre des entrechats,

ARTICLE IX.

Ordre à Muguet de prendre un air plus lefte,
A Pillot de moins détonner,
A Durand d'ennoblir fon gefte,
A Gelin de ne pas tonner,
Que Le Gros chante avec une ame,
Beaumefnil avec une voix,

Que la féconde Arnould se montre quelquefois,
Que la Guimard toujours se pâme.

ARTICLE X.

Ordre à nos bons Acteurs, pour eux, pour l'Opéra,
D'user modérément des Reines des Coulisses ;
Permettons à Muguet, Pillot, & cætera
L'usage illimité de toutes nos Actrices.

ARTICLE XI.

Pour soutenir l'auguste nom
De la Royale Académie,
On payera mieux l'amant d'Armide & d'Aricie,
Pollux, Neptune, Phaëton ;
Mais qu'ils n'esperent pas que leur fortune accroisse
Jusqu'au titre pompeux de Seigneur de paroisse,
Aux honneurs d'eau bénite & de droit féodal.
Rolland dans son humeur altiere
Doit-il se prétendre l'égal
Ou du Chasseur de la Laitiere, *
Ou du Cocher du Maréchal.

ARTICLE XII.

Rien pour l'auteur de la musique,
Pour l'auteur du poëme rien,

---

* La Ruette qui est Seigneur en Normandie.

Et le Poëte, & le Muficien
Doivent mourir de faim, fuivant l'ufage antique,
Jamais le grand talent n'eut droit d'être payé,
Le frivole obtient tout ; l'or, le cordon, la croffe,
    Rameau devoit aller à pied,
    Et les Directeurs en carroffe.

ARTICLE XIII.

    En attendant que pour le chœur
    On puiffe faire une recrue
De quinze ou vingt beautés qui parleront au cœur
    Et ne blefferont pas la vue,
    Ordre à ces manequins de bois
    Taillés en femmes, enduits de plâtre,
    De fe tenir immobiles & froids
Adoffés en ftatues aux piliers du théatre.

ARTICLE XIV.

    Tout remplis du vafte deffein
De perfectionner en France l'harmonie :
    Voulons au Pontife Romain
    Demander une colonie
De ces chantres flutés qu'admire l'Aufonie ;
Mais tout notre Confeil a jugé qu'un Caftra,
    (Car c'eft ainfi qu'on les appelle)
    Etoit honnête à la chapelle ;
    Mais indécent à l'Opéra.

ARTICLE XV.

Pour toute jeune débutante
Qui veut entrer dans les ballets,
Quatre examen au moins, c'eft la forme conftante,
Primo le Duc qui la préfente,
Y compris l'Intendant & les premiers Valets,
Ceux-ci près de la Nimphe ont droit de préféance,
Secundo, nous, fes Directeurs,
Tertio, fon maître de danfe,
Quarto, pas plus de trois Acteurs.

ARTICLE XVI.

Fieres de vuider une caiffe,
Que celles qu'entretient un Fermier Général
N'infultent pas dans leur ivreffe
Celles qui n'ont qu'un Duc, l'orgueil fied tou-
jours mal,
Et la modeftie intéreffe :
Que celles qu'un Evêque ou qu'un faint Cardinal
Vifite fur la brune au fortir de l'office,
N'aillent point imprudemment
Prononcer dans la couliffe
Le beau nom de leur amant.
Voulons au moinsqu'on s'inftruife:
A parler très-décemment
Et fur tout enjoignons qu'on refpecte l'Eglife.

ARTICLE XVII.

Le nombre des amans limité déformais
Et pour la blonde & pour la brune,
Défenfe d'en avoir jamais
Plus de deux à la fois, deux fuffifent pour une.
Que la reconnoiffance égale les bienfaits,
Que l'amour dure autant que la fortune.

ARTICLE XVIII.

Que celles qui pour prix de leurs heureux travaux,
Jouiffent à vingt ans d'une honnête opulence,
Ont un hôtel & des chevaux,
Se rappellent par fois leur premiere indigence,
Et leur petit grenier, & leur lit fans rideaux;
Leur défendons en conféquence
De regarder avec pitié
Celles qui retournent à pied,
Pauvres enfans dont l'innocence
N'a pas encore réuffi;
Mais qui, grace à la danfe,
Feront leur chemin auffi.

ARTICLE XIX.

Item, ordre à ces Demoifelles
De n'accoucher que rarement,
En deux ans une fois, une fois feulement.
Paris ne goûte point leurs couches éternelles,
Dans un embarras maudit

Ces accidens-là nous plongent,
Plus leur taille s'arrondit,
Plus nos visages s'allongent.

ARTICLE XX.

Item, très-solemnellement
Prononçons une juste peine
Contre l'usurpateur, qui vient insolemment
L'or en main dépeupler la Scene,
Et ravir à nos yeux leur plus bel ornement;
Taxe pour chaque enlevement;
Et le tarif incessamment
Sera rendu public dans tout notre domaine.
Cette taxe imposée à raison du talent,
De la beauté sur-tout, tant pour une danseuse,
Tant pour une jeune chanteuse,
Rien pour celle des chœurs, nous en ferons présent.

ARTICLE XXI.

Et comme un point capital
En toute bonne police
Est une prompte justice;
Tous leurs procès jugés à notre tribunal,
Jugés sans nul appel, & l'ordre, & la décence
Veulent que chacun à son tour
Comparoisse à notre audience,
Viendront l'un après l'autre & nous feront leur
cour.
Les plus jeunes d'abord admises;

Ayant plus de procès, elles pourront nous voir
Dès le matin à sept heures précises ;
Ou vers les onze heures du soir.

ARTICLE XXII.

Et pour qu'on ne prétende à faute d'ignorance,
Sera la présente ordonnance
Imprimée, affichée à tous nos corridors,
Aux murs des loges, aux coulisses,
Aux palais des Rollands, aux chambres des Médors
Et dans les boredoirs des Actrices.

ARTICLE XXIII.

De plus dans nos cahiers sera ledit arrêt
Entégistré sous la forme ordinaire,
Pour le bien général & pour notre intérêt.
Détruisant, annullant autant que besoin est ;
Tout réglement à ce contraire.
L'an de grace soixante-sept.

Fait en notre Château, dit en langue vulgaire,
Le Magasin près du Palais Royal.
Signés : le Berton & Tryal,
Plus bas : Joliveau, Secrétaire.

Par M. Barthe, de l'Académie
de Marseille.

REGLEMENT *

POUR

LA COMEDIE

FRANCOISE.

DE par Melpomene & Thalie,
SALUT, aux Gens tenant l'hôtel
De la Françoise Comédie.
Vu par notre Conseil assemblé près du Ciel **
Le nouveau Code poëtique
Dressé pour l'Empire lyrique,
Au zele de ses Directeurs
Applaudissons sans jalousie,
Considérant aussi que notre Compagnie
Attire moins de Spectateurs,
Et que les héros de Voltaire
Sont forcés de céder le pas aux savetiers,
Depuis qu'une troupe étrangere
Sur le ton de Rameau fait parler les fermiers.

---

* Ce Réglément a paru avant les Statuts qui suivent.

** Apparemment dans quelque hermitage poëtique.

Nous croyons qu'un peu de réforme
Pourra rappeller à nos jeux
Ce Public inconſtant & toujours dédaigneux
Qui pour vingt ſols ne veut pas qu'on l'endorme.
Vou'ons premiérement bannir de nos états
Toutes les cauſes de débats,
Nous adoptons en conſéquence
Dans la ſuſdite & louable ordonnance
L'article qui preſcrit le nombre des amans.
Item, cet autre non moins ſage,
Qui permet d'accoucher une fois en deux ans.
Suivant ce ſalutaire uſage,
Nos Déeſſes pourront ſans trop quitter nos yeux
De nouveaux citoyens repeupler notre Scene.
En outre pour combler les vœux
De ce Parterre qui nous gêne,
Nous ordonnons au ruſtique Paulin
De reſter toujours Mathurin,
Et de vendre à quelqu'un d'humeur moins pacifique
Tout ſon équipage tragique.
Bellecour doit en faire autant,
Sûr de plaire toujours dans un rôle comique
S'il ceſſe de hurler des vers de ſentiment;
Voulons bien à ſa femme, en faveur du ſervice,
Paſſer ſes airs mignards, ſa taille de nourrice,
A Le Kain tous ſes beuglemens,
Au papa Bonneval quelques bredouillemens,
A la Hus ſa minauderie,
Même à Brigard ſa jalouſie;
Ses cheveux ſont ſi beaux, peut-on les trop payer?

Deſirons

Defirons dans Auger moins de monotonie,
Plus de fineffe dans Feuillie,
Moins de prétentions dans Luzi, dans Fanier.
Molé fur le théatre aimable petit-maître,
Singe heureux des Marquis,&fi bien fait pour l'être,
Molé, pour qui le peuple a tant crié,
Pour qui l'Eglife a tant payé; †
Molé fera, s'il veut nous croire,
Un peu moins affecté, moins enflé de fa gloire,
Velaigne quelque jour pourroit bien l'égaler;
Nous le gardons dans l'efpérance,
Et malgré fes défauts voulons l'encourager.
Laiffons à Bouret la licence
De s'en aller aux Capucins,
Nafiller en chorus avec les Séraphins.
Souhaitons un heureux voyage
Au petit Pin, au froid Belmon,
Leur donnons à tous deux vingt écus en partage,
Encor fous la condition
Qu'ils voudront bien pour faire leur ménage,
Emmener avec eux la Chaffaigne & Livry;
Sans nul' regret congédions auffi
Toute cette troupe inutile,
Qui nous donne des fauts fous le nom de ballets;
La réformer-feroit trop difficile,
D'ailleurs nous ménageons ces frais

---

† Pendant la maladie de Molé on demandoit de fes
nouvelles tous les jours, & on a fait une quête, à la-
quelle plufieurs Prélats ont contribué.

Pour faire entendre un jour aux Amateurs févérés
Un Orcheftre nouveau, mieux garni d'inftrumens:
Tous nos Rodeurs alors , fuivant nos Voltigeans ,
Irons chez Nicolet rejoindre leurs confreres;
Ainfi l'a décidé notre illuftre Confeil,
  Dont nous adoptons la fentence.
Sera ledit écrit, fait fans grand appareil,
En attendant plus verbeufe ordonnance,
  Lu par-tout où befoin fera ,
  Ou plutôt par qui le voudra.

STATUTS

DE

LA COMÉDIE

FRANÇOISE.

Nous Le Kain, Bellecour, Molé,
Brifard, d'Auberval & Préville,
Troupeau dans ce lieu rassemblé
Pour amuser & la Cour & la Ville.
A tous les Histrions, à Bienfait, Nicolet,
Restier, Gaudon & Taconnet,
Comédiens, Marionnettes,
Qui vont de treteaux en treteaux
Chercher du pain en contant des sornettes ;
Aux Charlatans, quoiqu'ils soient nos rivaux,
Aux diseurs de bonne aventure,
Enfin à tous nos commensaux,
SALUT : Après avoir entendu la lecture,
Faite aujourd'hui dans notre Comité,
D'un réglement nouvellement porté
Par les deux Directeurs, aussi zélés que sages,
D'un Spectacle fameux, où l'on parle en chantant,
Et voulant rétablir les antiques usages,
Nous avons cru devoir en faire autant

D ij

Pour le bien du Public, & fur-tout pour le nôtre;
  Car c'eft un point décidé parmi nous
Que toujours l'un doit marcher avant l'autre:
En nous déshonorant nous devons gagner tout.

ARTICLE I.

Comme Sous-Directeurs, tyrans de nos confreres
Nous avons fçu nous arroger des droits,
En dépit d'eux nous faifons leurs affaires,
En dépit d'eux nous leur donnons des loix;
En conféquence entendons que l'on chaffe
Tous ces Acteurs fifflé dont le Public fe laffe,
L'inutile Paulin, l'automate Belmon,
La Chaffaigne, Livis, Bouret le ridicule,
Feuillie, & Pin fur-tout, il eft riche, dit-on,
En ce motif lui feul vaudroit l'exclufion.
Defirant cependant nous ôter tout fcrupule,
Et voulant que chacun vive de fon métier,
Par le préfent arrêt ordonnons au Caiffier
D'entretenir un mois la troupe confternée.
Chaque Acteur recevra trente fols par journée,
Les femmes rien : elles ont des fecours
Qui dans Paris réuffiffent toujours.

ARTICLE II.

Si nous ofions avoir de la prudence
Nous renverrions auffi le pefant Bonneval,
Il ricanne toujours & tombe dans l'enfance

Ainſi que notre ami Grandval.
Leur défendons feulement de paroître
Plus de deux fois par chacun an,
Au Théatre une fois pour être hué peut-être,
L'autre au Bureau pour toucher leur argent.

ARTICLE III.

Après cette réforme & par cette ordonnance
Le Kain ſe chargea de parcourir la France
Pour gagner de l'argent & choiſir des ſujets,
    Nous rapportant à ſa prudence,
    Sûrs qu'il prendra les plus mauvais.

ARTICLE IV.

Entre nous convenu que Briſard déſormais
    Aura de l'ame & de l'intelligence,
D'Aubelval ceſſera de parler en cadence,
    Le Kain ne beuglera jamais,
Bellecour en lui-même aura moins confiance,
Molé plus de poitrine & moins d'impertinence,
Auger par ſon travail hâtera ſes progrès,
Et Préville lui ſeul charmera les François.

ARTICLE V.

Comme Vellene a l'air docile,
Qu'on s'y fait, qu'il peut être utile,
Et que malgré ſes foins la triſte d'Epinay
N'a point ſçu rétablir la fanté de Molé,
                              D iij

Nous le gardons fous la loi très-expreffe
Qu'il laiffera la Hus & fa molle tendreffe ;.
Elle eft trop exigente, elle abime les gens,
    Et fon amour gâte jufqu'aux talens.

ARTICLE VI.

Pour la Dubois qui croit que dans la vie
    Tromper tour-à-tour fes amants,
    C'eft bien jouer la comédie,
    Et qui compte tous fes moments
    Par fon caprice & fa folie,
    Lui défendons de fatiguer l'amour,
    L'amour la fatigue à fon tour :
    Quoiqu'au Théatre elle foit fort jolie,
    Le plus beau bufte à la fin nous ennuie,:
    Il faut de l'ame avec de la beauté ;.
    Un vifage baigné de larmes
    Qui peint un cœur fortement agité
    Aura toujours affez de charmes
    Aux yeux du Public tranfporté.

Quand Dumenil en proie à fes allarmes,
Dans notre fein vient répandre fes pleurs,
    Qu'elle porte dans tous les cœurs
    Le cri perçant de la nature,
C'eft fa douleur qui plaît & non pas fa figure.
Sur ce principe ordonnons à la Dubois
De ne changer d'amants qu'une ou deux fois
        par mois,

D'étudier une fois la femaine.
Clairon nous a fait voir, & la chofe eft certaine ,
Que l'art bien conduit quelquefois
Peut reffembler à la nature.
On aime une heureufe impofture;
Mais que Dubois prenne un autre chemin ,
Et que chacun de nous en ami l'avertiffe
Que pour devenir bonne Actrice
Ce n'eft pas tout d'être Catin.

ARTICLE VII.

Ordre à Sainval d'avoir plus de nobleffe,
Dé changer à propos de ton ,
De ne point nous chanter fon rôle avec trifteffe
Ainfi que l'écolier qui rédit fa leçon ;
De crier moins pour toucher davantage ,
D'acquérir de fes bras un plus facile ufage,
De donner à fa voix ... Nous parlons pour fon
bien ;
Mais elle a de l'orgueil , elle n'en fera rien.

ARTICLE VIII.

Duranci fit fort mal quand fon mauvais génie
De rentrer parmi nous lui donna la manie,
Nous l'avions renvoyée, & nous fuvions déja
Qu'elle feroit bien mieux à l'Opéra :
Nous l'avouons pourtant, quoique le public penfe,
Elle eft pleine d'intelligence ;
Mais fon organe eft trop ingrat.

Nous ordonnons en conféquence
Que fous trois jours on lui délivrera
Un paffeport nouveau pour l'Opéra ,
Lui promettant que fi par fantaifie
(Ce qui peut - être arrivera)
Nous ofions tout-à-fait chanter la Tragédie,
Comme premiere Actrice on la rappellera.

ARTICLE IX.

Donnons avis à la Préville,
Dont les nerfs font trop délicats ,
D'éteindre une amour inutile,
Puifqu'enfin fon amant paffe dans d'autres bras.
On l'applaudit , mais on ne conçoit pas
Si c'eft par excès de décence ,
Qu'ayant chez elle autant de fentiment,
Elle a l'art de glacer par fa feule préfence,
Et nous endort fort noblement.

ARTICLE X.

Defirant faire droit fur l'inftante requête
Du fieur Molé , qui s'eft mis dans la tête
Que d'Epinay, qui brédouille en fifflant,
Avoit le germe du talent ,
Confentons qu'elle joue , & laiffons au Parterre ,
Suivant fon privilege & fon droit ordinaire ,
Le plaifir de la renvoyer ,
En lui donnant cet avis falutaire,

Que prétendre forcer les gens à s'ennuyer,
C'eſt être folle & téméraire.

ARTICLE XI.

Comme la Doligny nous rend tous mécontens
Par ſa folle vertu , par ſes rares talens,
 Lui défendons d'être plus long-tems ſage,
  Quoiqu'on n'ait point à redouter
  De voir s'établir cet uſage,
  Elle force à la reſpecter ,
  Elle a ſur nous trop d'avantage:
 A la vertu qu'on ne peut imiter
L'on n'aime point à rendre hommage.

ARTICLE XII.

Fanier la ſuit de loin , mais ſon ami Dorat
  Fréquente trop chez elle.
Que fait - on ? il peut plaire, il eſt jeune, elle
 eſt belle:
  On ne croit plus à l'amour délicat.
  Ah! quel plaiſir ſi ſa ſageſſe
  Pouvoit faire le moindre écart,
  Parmi nous c'eſt une baſſeſſe
  De vouloir annoblir ſon art.

Vous avez ſous les yeux un ſi noble modele,
La Baumenard , elle a joui des beaux ans,
  Sachez vous avilir comme elle ,
  Et ſemez dans votre printems :
        D v

Ruinez par raison vingt ou trente perfonnes,
Qu'importe ? Vous pourrez peut-être quelque
    jour,
  Quand vos affaires feront bonnes,
  Vous laiffer tromper par l'amour.

ARTICLE XIII.

La Bellecour, cette lourde finette,
  Se défera des rôles de foubrette,
En faveur de Luzi qui, jouant plus fouvent,
Pourra joindre aux attraits le charme du talent
Pourvu qu'elle renonce à fes fades grimaces,
  A fa minauderie, à fa prétention;
L'air emprunté gâte toujours les Graces,
Et la nature plaît fans affectation.
Fanier travaillera , c'eft chofe effentielle,
Notre but eft d'inftruire & non pas de louer,
Nous fommes malgré nous forcé de l'avouer ,
  Son talent eft plus jeune qu'elle.

ARTICLE XIV.

Du refté, defirant foulager la Gaultier
Qui fe plaint dès long-tems, & plaît dans fon métier,
Ordre à la Bellecour, qu'il faut que l'on réforme
Vu fans d'autres raifons & fon âge & fa forme ,
D'apprendre inceffamment les rôles de Grognacs ,
  Des Argantes , des Croupillacs :
Elle doit s'y refoudre avec pleine affurance ,

Que n'a-t-elle pas vu depuis plus de trente ans,
Du monde que l'on a parcouru si long-tems
　　On doit avoir la connoissance.

ARTICLE XV.

Enjoignons au surplus pour l'exemple des mœurs
　　Et la tranquillité publique,
Qu'aucune Actrice en son humeur lubrique,
　　A l'Opéra, ni même ailleurs,
N'aillent par avarice, ou bien par politique,
Brouiller d'heureux amans & mandier les cœurs;
　　Il faut en tout de la justice.
　　Lorsqu'avec adresse une Actrice
Dans ses filets a sçu prendre un moineau,
　　On doit respecter son ouvrage;
Quand elle l'apprivoisé il ne seroit pas beau
　　Qu'un autre en vînt arracher le plumage.

ARTICLE XVI.

Item, pour l'avenir, mais très-expressément,
　　Faisons défense à nos Actrices
De faire leurs marchés ou quelqu'arrangement
　　Aux foyers ni dans les coulisses;
D'y laisser échapper quelque mot indécent:
Que la Hus n'aille point, par un compliment fade,
Crier à la Dubois : Ma chere camarade,
　　Comment se portent vos enfans?

　　　　　　　　　　D vj

ARTICLE XVII.

Calculant avec foin nos befoins, nos reffources ,
   Ayant mûrement réfléchi
  Sur Lemiere & fur le Sauvigny ,
Dont les talens n'empliffent point nos bourfes ,
   Et ne gagnant plus tous les ans
   Qu'entre huit & dix mille frans ,
   Qui ne fauroient fuffire à la dépenfe
   Qu'exigent notre luxe & notre vanité ,
  Comptant d'ailleurs fur l'indulgence
    Et l'amour de la nouveauté
   Qui caractérife la France ,
Permis à chaque Acteur, lorfque maint créancier
Sera venu trois fois à fa porte aboyer ,
  D'être malade ; alors quelque Ducheffe
(Car il faut qu'une au moins pour chacun
    s'intéreffe)
Voudra bien du Public s'attirer les mépris ,
Et quêter noblement chez Princes & Marquis ,
   Qui nous ferons par politeffe
   Une aumône de dix louis.
Obfervons toutefois qu'avec exactitude
Chacun aura le droit d'ufer de ce détour
Sans qu'aucun en puiffe faire une habitude ;
Entendons feulement qu'à compter de ce jour ,
Et voulant épargner jufqu'aux honoraires ,
Le Suiffe & le Moucheur auront auffi leur tour ,
   Quitte à paffer pour nos confreres.

ARTICLE XVIII.

Après avoir confulté Coquelet, †
Homme prudent & raifonnable,
Qui nous a fait fentir qu'il étoit indifcret
De joindre à la baffeffe un orgueil intraitable,
Que malgré nos airs de hauteur
Le Public, toujours équitable,
Rabaiffoit notre état à fa jufte valeur;
Que quoiqu'on fît un métier méprifable
On n'avoit pas le droit de manquer à l'honneur,
Ni même à la reconnoiffance.

Nous faurons déformais refpecter les Auteurs,
Et d'eux à nous faire la différence.
Nous les regarderons comme nos bienfaiteurs:
La gloire eft leur feul but, le nôtre eft l'infâmie;
Nous fommes les échos de leur brillant génie,
Automates glacés, organes impuiffans,
Nous oublierons fans eux que nous avons des fens.
Quand les cheveux épars & la bouche écumante,
Le front terrible & les yeux égarés,
Sous le nom d'Apollon la Sybille éloquente
Rendoit en frémiffant fes oracles facrés,
On voyoit de fon cœur l'involontaire ivreffe,
On rendoit grace au Dieu & non à la Prêtreffe.
Bien convaincu de cette vérité

---

† Avocat-Confeil de la Comédie.

Et connoiffant fon importance,
    Un de nous fera députe
    Pour faire excufe avec humilité
    A tous Auteurs que par leur infolence
Bellecour ou Molé pourroient avoir bleflés,
Et qui dans l'antichambre ont eu la complaifance
D'attendre leur orgueil & leurs airs infenfés.
    Et pour réparer notre offenfe
    Confentons d'être méprifés.
    Plus que jamais une telle vengeance
    Rendra chacun de nous content,
Ils n'auront que l'honneur & nous aurons l'argent.

De notre Comité tel eft l'ordre fuprême
    Qu'à l'avenir chacun fuivra,
    Donné fur le Théatre même
    L'an mille fept cens, & cætera.

Nota. L'Auteur de cette critique, qui
eft le Sr Lehoc, fils d'un Médecin de Paris, s'eft depuis rétracté dans une Epître
à Mlle. Dubois, imprimée par extrait dans
le Mercure d'Août 1767.

EPITRE

A

MONSIEUR DORAT.

PEintre charmant du Plaifir & des Graces,
Pour qui l'Amour fur le facré Valon
Cueille les fleurs qu'on trouve fur tes traces,
Que tu nous plais, lorfque ton Apollon
Toujours léger, même en voulant inftruire,
Peint fans effort cet aimable délire
Qui vers la mode entraîne le François;
Qui le tournant au fouffle d'un zéphyre,
Le fait chanter & penfer par accès!
Que j'aime à voir ta riante fatyre
En jolis vers perfiffler nos plumets,
Et nos Robins, & nos petits Collets!

Mais des fermons tu fais quel eft l'ufage :
Comme Elifée † on t'écoute, on te fuit,
Comme Elifée on t'admire fans fruit.
Fixer nos goûts, notre penchant volage,

---

† Prédicateur qui a été fort fuivi à Paris, & qui n'a
corrigé perfonne.

Ce fut toujours le défespoir du Sage;
Il écrira, rira, raisonnera,
Et le François toujours François sera.

Depuis huit jours le Sexe moins timide,
Court, en depit de Pomme † & des vapeurs,
De Beverley contempler les fureurs.
Il faut frémir, la mode le décide,
Encore un jour Paris change de ton.
Pauvre Saurin! déja l'on te critique,
Malgré Molé, malgré son pathétique,
Aux mêmes lieux où braille Pantalon
On va courir, graces à la musique,
Et pour Labride on quittera Leason. *

Que peut sur nous le Dieu de l'harmonie!
De Philidor la savante industrie
Fait écouter Quétant & Poinsinet.
Pourvu qu'on chante une Ronde jolie,
Perette peut, sans crainte du sifflet,
Parmi les Ours venir crier son lait;
On bat des mains c'est pour la mélodie:
Et cependant voyez Monsieur l'Auteur
Humer l'encens qui n'est pas pour sa veine.
Dans ce pays tout petit Coupleteur

---

† Médecin à la mode pour les vapeurs. On disoit de
lui qu'on vouloit chasser Tronchin à coups de Pomme.

* Personnage du Drame de Beverley.

Se croit au moins un Favart , un Sedaine : †
Anfeaume même , Anfeaume cede à peine
A ces Bouffons dont il eft le Souffleur.

Quel vafte champ pour ta Mufe badine!
Venges la Scene où l'Auteur de Nanine,
Après Moliere , a corrigé nos mœurs.
A Doligny rends fes adorateurs.
Ami Dorat, au nom d'Alexandrine
Vas immoler aux manes de Racine
Nos Hiftrions & ces bebés Auteurs.
Vas … Mais j'entends : tu ne les connois guere
Qu'eft-ce qu'Anfeaume? il eft , dit-on , le pere
De maint enfant qu'on n'ofe réclamer ;
Eh ! mon ami , pourquoi donc l'en blâmer?
Pour les Auteurs c'eft un pédant févere,
Encore un coup ce n'eft pas notre affaire :
Quand de fes vers le Public feroit fou ,
Qu'il fouffle en paix , qu'il fouffle dans fon trou.

L'avis eft jufte, & je veux y foufcrire ,
Puifqu'auffi bien fur mille & mille abus
De nos Cenfeurs les cris font fuperflus.
Dans cette Ville à quoi fert la fatyre ?
On brave tout : pour être du bon ton ,
Vingt fois par mois on change de méthode;
Si la raifon pouvoit être de mode ,
Tout bon François voudroit parler raifon.

---

† Il n'avoit pas encore donné le Défexteur †

Quand , moins épris des vanités humaines ,
Nos Saints Abbés , Prélats & Cardinaux
N'aimeront plus des beautés peu chrétiennes ;
Quand nos Robins , quand nos jeunes Héros
De leur Laquais ne feront plus rivaux ;
Quand on verra tomber l'impertinence
De ces Commis qu'engraisse la Finance ;
Peut-être aussi, moins ivres de Chanteurs,
On nous verra , retournant à Moliere ,
Suivre , former , reveiller nos Acteurs.
Alors , alors dans votre humble chaumiere
Vous rentrerez , malgré vos beaux esprits ,
Petits bourgeois en un jour annoblis : †
Mais il fera ce changement prospere
Quand Dieu voudra ; je me tais , & j'espere.

---

† L'Opéra-Comique prenoit d'abord ses sujets dans les
boutiques des Savetiers.

VERS

*Sur le Compliment d'ouverture de la Co-
médie Italienne, composé & débité par
Lejeune, le lundi 11 Avril 1768.*

ALlons Souffleur, il faut un compliment,
Difoit ces jours derniers le tripot Italique,
Pour qui? Pour le Public. Bon! c'eft un infolent,
    Quand on l'encenfe, il nous critique. (*)
    Pour cette fois on ne lui donnera
    Qu'une harangue fans mufique,
Et pour mieux le punir, Lejeune la dira.

(*) A la clôture du Théatre, le Souffleur, qui compofe
ordinairement le Compliment au Public, fit, après la Comédie des Moiffonneurs, jouer une efpece d'Epilogue, où
l'on faifoit la critique & l'apologie de cette piece. La
fin de ce Compliment fut fort mal reçue; Mde La Ruette
chante fur un air de l'Ifle Sonante : *Qui veut du doux, qui
veut du tendre, qu'il vienne chez nous;* le Parterre entendis
qui veut du mou, & fiffla.

COUPLETS

Sur la direction de l'Opéra, donnée à la
Ville de Paris, 1749.

Air : *Du Prévôt des Marchands.*

Monsieur le Prévôt des Marchands
Ne se mocquera plus des gens,
Il fait embellir les coulisses
Et les habits de l'Opéra ;
Qu'il fasse guérir les Actrices,
Et tout Paris le bénira.

Rien n'est si sage assurément
Que ce nouvel arrengement :
C'étoit chose très-incivile
Que l'Opéra rempli d'appas,
Appartînt à toute la ville
Et que la Ville ne l'eût pas.

COUPLET

A un Danſeur de l'Opéra-Comique qui exécutoit les pas d'Arlequin, de Poli-chinelle, &c.

Air : *De Joconde.*

QUoiqu'ici les jeux ſuivent tous
Votre danſe légere,
On voit pourtant auprès de vous
Moins d'amours qu'à Cythere. ₮
Si Terpſicore aux pieds charmans
Exige qu'on l'admire,
Tous ſes pas ſont des ſentimens,
Les vôtres feront rire.

PANARD.

Non imprimé dans ſes Œuvres.

₮ A l'Opéra.

COUPLET

Sur la différence des deux Opéra, par le même.

AU grand Opéra l'on demande
Du grave & du beau qui soit bon,
On y va pour la sarabande
Et chez-nous pour le cotillon.

Non imprimé dans se Œuvres.

COUPLET

*Sur les succès des Bouffons à l'Opéra
en 1754.*

Lully n'est plus à l'Opéra
Le favori de Polymnie,
Rameau bientôt s'éclipsera
Malgré sa profonde harmonie,
Jelyose n'a rien d'étonnant ;
Il faut des bouffons d'Italie.
Aujourd'hui tout François galant
Ne se montre qu'en fredonnant,
E sì, e no, e più, e giu,
E ho ho ho ho ho, e su, e chiu ;
C'est à qui fera le plus fou.

SUR
LA TRAGÉDIE
DE
BÉVERLEY.

GRace à l'anglomanie, enfin fur notre Scene
Saurin vient de tenter la plus affreufe horreur.
En Bacchante on peut donc traveftir Melpomene,
Racine m'intéreffe & pénétre mon cœur
 Sans le brifer, fans glacer fa chaleur.
Laiffons à nos voifins leurs excès fanguinaires.
Malheur aux Nations que le fang divertit !
Ces exemples outrés, ces farces mortuaires
 Ne fatisfont ni l'ame ni l'efprit.
Les François ne font point des tigres, des féroces,
Qu'on ne peut émouvoir que par des traits atroces,
 Dérobez-nous l'afpect d'un furieux.
Ah ! du fage Boileau fuivons toujours l'oracle.
Il eft beaucoup d'objets que l'art judicieux
Doit offrir à l'oreille & reculer des yeux.
 Loin en ce jour de crier au miracle
 Analifons ce chef-d'œuvre vanté,
Un Drame tantôt bas & tantôt exalté,
Des Bourgeois empoulés, une intrigue fadaffe,

       Un

Un joueur larmoyant, une épouse bonaffe,
Action pareffeufe, intérêt effacé,
Des beautés fans fuccès, le but outrepaffé ;
Un fripon révoltant, machine affez fragile ;
Un homme vertueux, perfonnage inutile,
Qui toujours doit tout faire, & qui n'agit jamais.
Un vieillard, un enfant, une fœur indécife,
Pour cataftrophe, hélas ! une horrible fottife :
Force difcours, très-peu d'effets,
Sufpenfion manquée, on fait par-tout d'avance
Ce qui va fe paffer ; aucune vraifemblance
Dans cet acte inhumain, ni dans cette prifon,
   Où Beverley d'une ame irréfolue
Deux heures fe promene en prenant fon poifon,
Sans remarquer fon fils qui lui creve la vue,
   Et qu'il ne voit qu'afin de l'égorger.
D'un monftre forcéné le fpectacle barbare
Ne fauroit attendrir, ne fauroit corriger ;
Nul pere ayant un cœur ne peut l'envifager.
Oui, tiffu mal conftruit & de tout point bifarre,
    Tu n'es fait que pour affliger.
Puiffe notre Théatre, ami de la Nature,
Ne plus rien emprunter de cette fource impure.

Tome I.

Le Songe d'un jeune Mathématicien , ou fragment d'un Poëme intitulé , la Lan-terne de Diogene.

Lieux fortunés , agréable hermitage ,
Où tout le monde eſt libre de ſes fers ,
Entre Apollon & l'art des Dalemberts
Je partageois les beaux jours de mon âge!
Momens chéris , trop rapides éclairs ,
Vous n'êtes plus : la mode que je ſers
De vos attraits ravit juſqu'à l'image.
Qu'il m'étoit doux ſous un riant ombrage
De meſurer mille cercles divers.
J'allois cherchant cette idole du Sage ,
Ce Vrai ſi beau que le vulgaire outrage ,
Et pour lui ſeul j'oubliois l'univers.

Un jour que je m'étois appliqué avec plus de continuité aux opérations de la Géométrie , je ſentis preſque tout-à-coup les effets de cette légéreté qu'on reproche aux têtes Françoiſes. La fatigue appella bientôt le ſommeil , & j'avouerai à ma honte , que je m'endormis ſans avoir beſoin , comme les Héros de Roman , du gaſouil-lement de l'onde ni du ramage des oiſeaux. Un nouvel ordre de choſes s'offrit devant

moi. Je vis un Temple , dont l'architecture
étoit belle par sa simplicité ; sur les degrés
étoit assis un homme , vêtu d'une peau qui
le couvroit à peine : il avoit aussi une bé-
sace qui me trompa d'abord ; mes yeux le
parcoururent en un instant , & je crus bientôt reconnoître le fameux Diogene. C'étoit
lui-même. Pluton l'avoit chassé de son empire à cause de sa franchise , & sur-tout de
ses railleries sur la conduite de Proserpine.
Soit qu'il s'ennuyât de la grande solitude où
le sort l'avoit réduit , soit qu'il connût à
mon air le genre d'occupations au milieu
desquelles le sommeil étoit venu me sur-
prendre , il s'approcha de moi , & me parla
ainsi , d'une voix qui fit retentir les environs :

> Ton œil effrayé me contemple,
> Je suis le Cinyque vanté ,
> Jupin dont j'ai médit en pleine liberté
> M'a placé pour jamais aux portes de ce Temple :
> C'est celui de la Vérité.

A ce nom mon cœur tressaillit de joie.
Je la cherche, m'écriai-je, je la cherche depuis long-temps cette aimable vérité. Tu la
verras, me répondit Diogene, si tu veux sin-
cérement la trouver. En disant ces mots il

E ij

leva devant moi une énorme lanterne qu'il
tenoit a la main, quoique les lieux où nous
étions fuffent éclairés du jour le plus ferein.*
J'ofai lui demander ce qu'il faifoit. C'eſt pour
le mieux connoître, dit-il : cette lanterne
me fert à examiner les mortels qui fe pré-
fentent pour entrer dans ce Temple.

Le Dieu qui lance le tonnere
Lui-même alluma ce flambeau,
Flambeau divin, dont la lumiere
Brille d'un feu toujours nouveau.
Avec lui je juge la terre,
Depuis le Pâtre jufqu'au Roi,
Des cœurs je connois le myſtere,
Il n'eſt point de fecret pour moi.

Tu vas en voir l'eſſai ajouta-t-il. Effec-
tivement il parloit encore lorfque

Le tein jauni, l'œil abattu,
Un homme noir, demi-vêtu,
Au Temple marchoit avec peine.
Ouvrez, dit-il à Diogene,

* A Babylone & dans d'autres grandes Villes, dont le
nom m'eſt échappé, on connoît mieux l'économie pendant les nuits de l'été, on compte fur les étoiles ou fur la
lumiere de la lune pour éclairer les Habitans. Je dois
cette remarque à un de mes amis qui a beaucoup lu, &
qui cite toujours fans trop obferver l'à propos.

Ouvrez, j'ai vingt ans combattu
Pour faire adorer la Vertu,

Cela est vrai, dit le Cinyque en approchant sa lumiere fatale, tu as vanté la sagesse ; mais ta conduite te démentoit tous les jours. Le Calender * voulut répondre, la Vérité lui ferma la bouche, il rougit & disparut.

Effrayé de cet exemple je n'osai parler moi-même. Cependant je demandai, en tremblant sur mon sort, si beaucoup de personnes avoient le bonheur d'entrer dans ce Temple. Chaque Nation, répondit-il, fournit par siecle dix ou douze de ces ames heureuses. Parmi vos Historiens la Vérité

(*) Les Calenders sont des especes de Derviches répendus dans la Turquie. Lesage, dont la Muse a été long-temps au service de l'Arlequin de la Foire, fait dire à un de ces Kalenders, dans *les Plaisirs de la Mecque* :

Les hommes pieusement
Pour Catons nous tiennent,
Ils s'imaginent vraiment
Que nous vivons pauvrement ;
Va-t-en voir s'ils viennent
    Jean,
Va-t-en voir s'ils viennent.

E iij

n'a reconnu que ce Mézerai, qui blâma
fans crainte les abus de fon pays, & qui
fouffrit fans fe rétraĉter la perte de fa penfion.

Les Géometres font prefque les feuls
qui pénétrent dans ces lieux; mais il faut
qu'ils n'aient pas fait baffement leur cour
dans des épîtres dédicatoires à la honte de
l'éloquence. Je vois entrer très-peu d'O-
rateurs, & ce ne font pas les plus célebres.
Pour les Journaliftes, viens voir la place
honorable qu'occupent ceux d'entre eux
qui ont refufé les préfens des proteĉteurs,
& bravé les criailleries des protégés . . .

. . . .

Il y a ici une lacune confidérable qui
nous prive du refte de ce fonge; mais il
paroît par quelques lignes qu'on a trouvées
fur un dernier feuillet, que l'Auteur y
faifoit la defcription de tout ce qu'il avoit
vu dans le Temple, & d'une Salle en particulier où tous les objets nous étoient ap-
préciés felon leur jufte valeur. On voyoit
dans un tableau allégorique l'art qui nour-
rit les hommes, mis au-deffus de celui qui
les détruit. Plus bas étoit un emblême,
dont la jufteffe eft bien connue des gens

de Loi. C'étoient deux toiles d'araignée,
l'une fervoit de prifon à un moucheron,
l'autre étoit rompue par une mouche plus
forte. On lifoit pour épigraphe ce vers de
La Fontaine :

Où la guêpe a paffé le moucheron demeure,

Les gros volumes de quelques Philofo-
phes pour la découverte de la Vérité étoient
réduits par elle-même à quelques pages ,
& la bibliotheque du Temple n'étoit com-
pofée que d'un petit nombre de livres vraiment utiles. L'Obfervateur ni trouva point
de controverfiftes.

E iv

VERS

Sur M. de Fontenelle.

DE ce favori d'Apollon
Vingt lauriers différens ornerent la vieillesse,
De l'Abeille il avoit l'adresse
Et n'en eut jamais l'aiguillon.

Réflexions Physiques, Mé-
taphysiques, Morales, &c.
sur les Préjugés, les Préven-
tions, les Antipathies & les
Sympathies.

Avis sur ce Morceau.

UN Ecrivain, connu par de gros volumes, & qui s'est fait gloire d'être quelquefois inintelligible, a mis à la tête d'une
partie de ses Pensées : *Piscis hic non est
omnium* ; c'est-à-dire, en bon françois : Je
ne pense pas pour tout le monde. Les réflexions suivantes ne font pas assez su-
blimes, assez *at ruptes* pour mériter une épigraphe aussi distinguée. Je crains qu'on ne
les trouve trop sérieuses en quelques endroits. Cependant j'ose exhorter à les lire.
Ceux qu'elles feront bailler me devront un
sommeil salutaire. Mais si on les lit jusqu'au
bout sans dormir, peut-être feront-elles
utiles d'une autre maniere. En général je ne
dis à personne : *Prends & lis,* je dis sim-
plement *faites comme vous voudrez.*

E v

De tous les défauts de l'ame, ceux qui naissent de l'imagination sont les plus difficiles à guérir. Quand une fois les fibres de cet organe, où résident les pensées, sont montées à un certain ton, il est presqu'impossible de le faire changer. De là ces préjugés qui ont existé de tout temps, & que les Philosophes essaient en vain d'annéantir. Le tempérament, le climat, l'éducation sont autant de causes de préjugés. Il y en a chez toutes les Nations ; chaque homme a les siens : l'éducation les soutient ; disons mieux, elle les multiplie ; c'est elle souvent qui reprend le mal incurable.

Si l'antipathie est un des préjugés les plus communs, il est encore un des moins raisonnable ; car on veut mettre toujours de la raison jusques dans les choses les plus contraires au bon sens. Des poils longs & soyeux sur le corps d'un épagneul, en font aux yeux des Dames une bête charmante ; & les mêmes poils sur le corps d'une chenille donnent des vapeurs à quelques-unes. M. de Réaumur avoit vu une Dame de condition perdre connoissance, parce qu'elle croyoit appercevoir à ses pieds cette longue chenille velue, que l'on nomme la Marte. Cette Dame ne voulut revenir de son éva-

nouiſſement que quand on lui eut fait voir
que cette horrible, cette monſtrueuſe chenille n'étoit qu'une petite bande de la peau
d'un vrai marte que l'on venoit de tailler
pour lui faire une palatine.

Je ſais qu'il eſt des antipathies qui ne
dépendent pas de l'imagination, & qui ne
ſont pas auſſi inconſéquentes, mais ce ſont
auſſi les moins ordinaires. Les odeurs qui
plaiſent à certaines perſonnes rebutent les
autres ; cela vient de la différente maniere
dont les objets peuvent affecter les nerfs,
qui ſont plus ou moins ſenſibles ſuivant les
ſujets. Par-là ce qui eſt antipathie pour les
uns peut devenir ſympathie pour ceux qui
ſont différemment conſtitués.

La ſympathie ne dépend pas immédia-
tement de l'imagination. C'eſt l'action mé-
chanique d'un corps ſur un autre, elle ne
doit donc pas ſa naiſſance au préjugé ; mais
leurs effets ont ſouvent beaucoup de reſ-
ſemblance. Souvent le préjugé & la ſympathie ſe favoriſent mutuellement. Un amant
a pour ſa maîtreſſe des yeux différemment
organiſés que ceux des autres hommes. Un
avorton, un magot trouve preſque tou-

jours le fecret de plaire à des femmes très
jolies, & de l'emporter même fur des rivaux
plus dignes d'obtenir des faveurs. Le monde
eft rempli de bizarreries pareilles, enfan-
tées tous les jours par les fympathies. Combien voit-on de gens qui prétendent rétablir
leur fanté ou fe préferver de certains maux,
en portant dans leur poche un fruit, ou
quelque autre fubftance auxquels ils attri-
buent les plus grandes vertus. Il n'eft cer-
tainement aucune fympathie entre ce fruit
& le mal. Si par hazard la guérifon vient à
s'opérer, le porteur du remede en attribue
l'effet à cette fympathie : mais aux yeux
des hommes éclairés ce n'eft que l'imagination du malade qui s'eft frappée, & qui
a caufé dans le corps une certaine révolu-
tion. Il en eft d'une envie, pareille à-peu-
près comme de celles que produifit dans un
de nos hôpitaux la préfence de l'Ambaffadeur Turc (*).

(*) Lorfque l'Ambaffadeur Turc vint à Paris, il alla
voir l'Hôtel-Dieu avec plufieurs perfonnes de fa fuite.
La figure extraordinaire de ces étrangers, leur habille-
ment fingulier frapperent l'imagination d'un grand nombre de malades, & en particulier de fix paralitiques. Le
bouleverfement qui s'excita dans tout leur corps, leur
rendit entiérement l'ufage de leurs membres.

Le préjugé eft aveugle, ou du moins il
aveugle l'ame. L'ame préoccupée ne voit
que l'idée qu'elle s'eft formée avant de
connoître un objet, ou quelquefois avant
d'avoir réfléchi à l'objet connu. Tout le
refte eft pour elle, ce qu'eft un tableau
voilé pour l'œil le plus clairvoyant. La prévention differe peu du préjugé, l'un eft
peut-être plus général que l'autre. Ce font
deux affections également dangereufes. Le
préjugé & l'abus ne font pas fynonimes,
mais ils ne fe quittent jamais. C'eft toujours le préjugé qui a commencé, parce
que l'imagination a lieu avant que le corps
agiffe. Les maux qui naiffent du préjugé
font plus ou moins grands, fuivant les objets
dont l'ame fe préoccupe. Il en eft qui ont
troublé des familles, ruiné des Etats, fuivant auffi le ridicule, qui en a été le feul effet.

La température d'un Pays agit fur le
corps de ceux qui l'habitent. Les Peuples
des Contrées Septentrionales font comme
engourdis par le froid, dont l'action eft de
refferrer toutes les parties. Leurs nerfs,
moins tumultueux que les nôtres, ne font
pas fufceptibles d'autant d'agitations : leur
corps, par l'habitude, devient actif ; mais

leurs paffions ne font point vives dans les
Pays chauds , au contraire les humeurs
circulent avec plus de rapidité. L'évapo-
ration produit la féchereffe des fibres, au-
gmente leur tenfion ; les hommes font plus
bruns, plus maigres , leurs affectations plus
vives. Les climats tempérés nourriffent des
nations qui tiennent , pour ainfi dire , le
milieu parmi ces premieres. Entre ces différens points il y a des nuances finies,
toutes fenfiblement diftinctes. La différence
des peuples y eft marquée par la différence
des préjugés nationaux.

Il eft des Sauvages, dit M. de Buffon ,
qui ne favent ce que c'eft que de fe pro-
mener, & rien ne les étonne plus dans nos
manieres, que nous voir aller en droite li-
gne, & revenir enfuite fur nos pas plufieurs fois de fuite. Ils n'imaginent pas qu'on
puiffe prendre cette peine fans aucune né-
ceffité, & fe donner ainfi du mouvement
qui n'aboutit à rien : ils aiment mieux fe
tenir debout pendant des journées entieres
le long de leur hamac , voilà leur plus grand
délaffement.

Pour nous , nous ne donnons pas dans le

préjugé des Sauvages, nous aimons les promenades; mais cependant nous ne fommes pas exempts de prévention fur cet article. Nous croyons amufer notre efprit, ou travailler à la fanté de notre corps, quand nous allons refpirer fur les boulevards, ou dans la grande allée des Tuileries l'ambre qu'exhalent les Abbés, ou la poufliere que font voltiger les robes des Dames.

A la Chine les éclipfes intéreffent tout l'Etat. On les annonce dans toutes les Villes de l'Empire, peut-être même comme ailleurs, quand elles ne doivent point arriver. Les Mandarins, revêtus des marques de leur dignité, fe profternent au moment que le Soleil ou la Lune commence à s'éclipfer. On frappe en même temps du tambour, on fait un bruit épouvantable pour détourner, dit-on, le malheur qui menace les autres. Voilà ce que penfent en phyfique les Chinois, qui paffent pour les hommes les plus fages de l'univers.

Ils tombent encore dans un autre préjugé, qui marque bien plus l'abrutiffement de leur efprit; ils veulent avoir pour femmes des efpeces d'idoles qui aient des pieds pour ne pouvoir faire un pas. Quand une fille a paſſé l'âge de trois ans, on lui ſerre les pieds avec tant de violence dans un petit ſabot de fer, qu'on l'empêche abſolument de croître. C'eſt un déshonneur pour une femme de pouvoir marcher, & le plus grand degré de vertu, c'eſt d'avoir le pied aſſez petit pour trouver trop aiſée la pantoufle d'un enfant de ſix ans. Ajoutez à cela que pluſieurs Mandarins ſe forment la tête en pain de ſucre, pour laiſſer brûler du feu ſur le ſommet, & vous aurez les traits qui caractériſent le plus ceux qu'on appelle les premiers génies du monde.

Peut-on comprendre cette affreuſe mélancolie, ce mépris dénaturé de ſoi-même, qui portent d'autres Peuples à ſoupirer après l'anéantiſſement. Le poiſon, un poignard ſont les ſeuls moyens qu'ils connoiſſent pour diſſiper leurs chagrins; en 1722, un Député au Parlement d'Angleterre ſe guérit de la goutte en ſe caſſant la tête d'un coup de piſtolet.

D'autres, qui rient de cette folie de leur voiſin, vont peut-être dans le moment punir une inſulte en expoſant leur vie au fer d'un

Spadaſſin. Les moins courageux font un couplet, & ſe croient vengés (*).

Le détail des préjugés ſeroit trop long, ſi l'on vouloit parcourir toutes les Nations. Il le ſeroit bien davantage, ſi l'on deſcendoit juſqu'à l'examen de chaque homme en particulier. Je me borne à donner quelques exemples des préjugés d'éducation, d'âge, d'habitude, qui ſeront terminés par pluſieurs traits d'inconſéquence, plus ſenſibles que ceux d'antipathie qu'on a déja cités.

Ceux qui préſident à l'éducation de leurs ſemblables, lorſqu'ils ſont enfans, devroient avoir une ame forte, exempte de toutes ces puérilités, qui, après l'expérience de tant de ſiecles, devroient être bannies, & qui au contraire ſemblent s'accréditer de plus

---

(*) Au riſque de paſſer pour ſavant, je prouverai par un paſſage de Ciceron, que ce n'eſt pas d'aujourd'hui qu'on ſe conſole par une pointe ou par un vaudeville. *Nunquam tam malè eſt ſiculis, quin aliquid facete & commodè dicant.*

Quelque ſoient les malheurs des Siciliens, ils ont toujours des plaiſanteries à faire. Je m'attends bien qu'on ſe moquera de ma citation latine : on me demandera à quoi reviennent ici les Siciliens, & je répondrai ſuivant le génie de ma Nation :

Change de nom, la Fable eſt ton hiſtoire.

en plus. Presque tous les hommes ne se
servent que de la main droite, parce que
dès le berceau leur nourrice les a appris à
préfenter cette main comme la plus belle.
La plupart des jeunes gens ignorent l'Hiftoire de leur Patrie, parce que la premiere
loi des Univerfités eft de ne montrer en
neuf ou dix ans qu'une ou deux Langues
mortes, plus utiles pour le commerce de la
fociété. On affoiblit le courage en faifant
peur aux enfans pour les empêcher de
pleurer.

Il y a long-temps que les Phyficiens ont
banni de leurs écoles l'empire de la Lune ;
& cependant j'entends tous les jours des
femmes, très-bien élevées, qui foutiennent
de bonne foi que cet aftre préfide à la naiffance de leurs enfans, comme fi une Pla-
nette inanimée pouvoit influer fur la différence des fexes.

Le peuple eft, de tous les ordres de l'E-
tat, celui qui eft le plus livré aux préjugés.
Il y a quelques années, dans un temps où
il couroit beaucoup de maladies, un papillon d'une efpece finguliere fe multiplia
dans quelques Cantons de la Baffe-Bre-

tagne. C'étoit un animal nocturne qui pouſ-
foit un cri lugubre : il étoit vêtu de cou-
leurs triſtes & ſombres, portant ſur le dos
une empreinte de la mort. Le peuple s'i-
magina que la mort elle-même, ſous la figure de ce papillon, ſe promenoit dans le
Pays. Il s'en introduiſit un aux approches
de la nuit dans un dortoir de Religieuſes.
Quelles alarmes auſſi tôt parmi ces ſaintes
Ames! Ce fut vraiment la ſcene de *Vert-
Vert*.

Les Nonettes ſans voix
Font en fuyant mille ſignes de croix,
Toutes penſant être à la fin du monde,
Courent en poſte aux caves du Couvent.

L'Hiſtoire ne dit point ce que devint le
papillon; mais ce qu'il y a de ſûr, c'eſt que
perſonne n'en mourut. Il fallut avoir recours aux Savans pour raſſurer le Peuple.

Un pareil effroi ſe répandit en 1608 aux
environs d'Aix en Provence. Dans la premiere Hiſtoire c'étoient des papillons, qui
furent la cauſe du trouble; dans celle-ci,
ils ſervirent à le diſſiper. Un jour les murs
de la ville d'Aix, ceux d'un Cimetiere voi-

fin , & toutes les furfaces des maifons de la
campagne furent tachées de larges gouttes
de fang. Les efprits auffi-tôt font faifis
des images les plus noires. On fait des
prieres , le trouble fe répand dans toute la
Province , lorfque M. Pierefc , Phyficien
célebre , montre au peuple étonné que ce
qu'on regardoit comme un fléau du Ciel ,
étoit l'ouvrage de plufieurs papillons , qui ,
au fortir de leur enveloppe , laiffèrent couler
des gouttes de fang.

Il eft des préjugés qui naiffent à mefure
que l'on avance en âge. Le corps de
l'homme eft une frêle machine , que les
années & les fatigues alterent infenfible-
ment. Le fang coule avec plus de lenteur,
les fibres fe durciffent , les nerfs fe dé-
tendent , les efprits ont moins d'activité.
L'ame n'agiffant plus que fur des refforts
affoiblis , participe à cet état de foibleffe.
A mefure que l'homme approche de fa fin ,
il femble ne plus prendre de plaifir aux
objets extérieurs qu'il doit bientôt quitter.
C'eft pour cette raifon que les vieillards
critiquent toujours les plaifis & les amufe-
mens de leurs fiecles , ils croient avoir
droit de citer l'expérience en leur faveur,

& ils n'écoutent là-deſſus aucun raiſonne-
ment , parce qu'un vieillard de trente ans
n'a pas autant d'expérience qu'un vieillard
de ſoixante & dix ans : delà ſouvent ces
inimitiés des peres à l'égard de leurs enfans,
auxquels ils prêtent des ſentimens que leur
cœur & leurs actions démentent preſque
toujours.

Je vois une foule de gens tomber ſans
ceſſe dans un préjugé d'habitude bien ſin-
gulier. Ils diſent qu'ils ne croient pas à la
Médecine , que cette prétendue ſcience n'a
d'autre fondement que les conjectures de
quelques cerveaux échauffés. C'eſt aux Mé-
decins à venger leur art. Mais ſuppoſé que
ces reproches ſoient fondés , pourquoi dès
que l'on ſent le moindre mal , donner toute
ſa confiance à des gens ſans aveu , que
leurs études n'ont pas mis en état de con-
jecturer juſte ? Si l'art de guérir n'eſt qu'un
charlataniſme , ne conſultez perſonne.

Un autre préjugé d'habitude, dont on de-
vroit être guéri depuis , c'eſt celui qui tient
aux marques de déshonneur. Un homme
mérite-t-il d'être ſifflé , berné , parce que
ſa femme lui aura été infidelle ? La fantai-

ſie d'une inconſtante doit-elle tourner à la
honte d'un homme qui a toute la force &
les graces poſſibles ? M. de Saint-Foix,
dans ſes Eſſais Hiſtoriques, ou plutôt dans
ſes Réflexions à l'occaſion de Paris, pré-
tend avoir trouvé, dans un de nos anciens
uſages la cauſe de ce préjugé, dont nos Anciens n'étoient pas entiérement exempts.
Le cas, dit-il, indiquoit particuliérement
un homme d'une condition ſervile, attendu
que pluſieurs Seigneurs, entre autres les
Chanoines de la Cathédrale de Lyon, pré-
tendoient qu'ils avoient le droit de cou-
cher la premiere nuit des nôces avec les
épouſées de leurs *ſerfs ou hommes de corps*.

Rarement quitte-t-on un préjugé ſans
tomber dans un autre. Les anciens Comédiens de Rome diſoient autrefois des pla-
titudes ſur des très-beaux Théatres. Les
nôtres s'eſtiment davantage, parce que
quelques Auteurs leur font dire des jolies
choſes dans des endroits où l'on étouffe.
Je ne ſais ſi l'amuſement eſt plus grand
chez nous, mais au moins l'abus eſt égal.
Les Spectacles donnent lieu à un autre préjugé ; parce qu'un homme fera tantôt les
Marquis, tantôt les Amoureux, les Petits-

Maîtres ou les Rois; parce qu'il se transformera, comme Prothée, en cent personnages différens, qu'il consacrera son temps à instruire le Public en l'amusant, on le mettra, je ne dis pas au-dessous de ces Orateurs, qui le plus souvent ne plaisent ni n'instruisent, ni au-dessous de ces Peintres ou de ces Musiciens, qui ne travaillent que pour l'amusement; mais au-dessous de ces gens qui n'ont d'autre métier que de les contempler, de les entendre, de les siffler ou de les applaudir quand bon leur semble, & qui n'ont pas, comme ces Auteurs, le mérite de plaire (*).

A Rome, à Venise, les Théatres portent le nom de quelque Saint. On dit indifféremment le Théatre de Saint-Ange, celui de Saint-Jean-Chrysostôme.

_____

(*) Ce morceau a été écrit dans un temps où le talent d'un Acteur étoit mis encore presque au-dessous de rien. Aujourd'hui on lui rend plus de justice : chaque Société a ses Crispins & ses Chanteurs. La Noblesse, pour rappeller sans doute l'égalité primitive, s'abaisse sans scrupule au ton des Valets & des Paysans, & laisse jouer dans le monde aux Comédiens le rôle qui sembloit lui convenir exclusivement. Le Souffleur, peut-être même celui qui contribue à éclairer les uns & les autres, en mouchant les lumieres, deviendront peu à peu des êtres considérés.

Dans d'autres Pays on les regarde comme l'école du vice.

Un Spectacle nouveau pour moi, dit M. l'Abbé Dolivet, en faifant au Préfident Bouhier le recit d'un voyage à Bruxelles, ce fut de voir à la Comédie deux Jéfuites dans une loge voifine de celle où l'on m'avoit mené. On m'apprit que c'étoient le Confef-feur & l'Aumôniér de l'Archiducheffe, deux bons Allemands qui ne favent pas un mot de François, & que l'étiquette oblige d'être par-tout où Madame la Gouvernante fe montre en public. On jouoit l'Avocat Pa-telin, la plus ancienne de nos farces, mais qui ne vieillit point : pendant toute la Piece l'un de ces Jéfuites, avec de grandes lu-nettes fur le nez, une bougie à côté de lui, récita tranquillement fon Bréviaire, & l'autre dormoit comme s'il avoit été au Ser-mon. Voyez, je vous prie, ce que peut faire une diftance fi petite, puifqu'elle n'eft que de foixante lieues. Voir ici deux Jé-fuites à une premiere Loge de la Comédie ou de l'Opéra, quel étonnement ! quelles clameurs ! Perfonne à Bruxelles ne s'avife d'en fourciller.

M. de

M. de Voltaire a bien eu raiſon de dire
que la vérité & le bon goût n'ont remis
leur ſceau qué dans la main du temps. Les
opinions ont ſouvent flotté dans les affaires
ſérieuſes, comme dans les beaux Arts &
dans les Sciences. C'eſt une réflexion que
prouve la viciſſitude qu'a éprouvé ſa Tragédie d'Adélaïde du Gueſclin. Il la fit
d'abord paroître en 1735, eſcortée, comme
il le dit lui-même, d'un Duc de Vandôme
& d'un Duc de Nemours. Elle fut ſifflée
dès le premier Acte. Les ſifflets redoublerent
au ſecond, & lorſqu'à la fin le Duc de Ven-
dôme diſoit *es-tu content*, Coucy; pluſieurs
bons Plaiſans crierent en écho, *Couſſi*,
couſſi (*).

---

* En 1765, LeKain crut pouvoir la reſſuſciter. On n'y
changea pas un ſeul mot; & Paris la voit avec applau-
diſſement.

LE MAL DE TÊTE,

A Madame la Ducheſſe DE GONTAUT,
par M. BERNARD.

GONTAUT, ce mal eſt peu de choſe,
Jupiter en eut un pareil;
Sans Eſculape & ſon conſeil,
Mes vers vous en diront la cauſe.
  Entre la Sageſſe & l'Amour,
L'Eſprit voulant former une paix ſignalée,
  Convint des loix, fixa le jour,
  Et prit le lieu de l'aſſemblée;
  De votre cerveau l'on fit choix,
  (Séjour connu de tous les trois)
  On s'aſſemble, on crie, on tempête,
  On fait, pour diſcuter ſes droits,
  Un bruit à vous fendre la tête;
  On convient des faits, on s'arrête,
  Le bruit ceſſe avec la douleur,
  L'eſprit triomphe & ſe fait fête
  De votre repos & du leur.
  Pour vous ſe fit cette alliance;
  L'Amour de vos yeux s'empara,
  La Sageſſe au cœur prit ſéance,
  Et l'Eſprit content demeura,
  Au lieu marqué pour l'audience.
Amour, Sageſſe, Eſprit, vous êtes tous bien là,

Cette piece a été faite vers 1736.

VERS

DE M. DE VOLTAIRE,

Sur l'élection du Roi de Pologne,
STANISLAS AUGUSTE, 1765.

Dans le fond de mon hermitage,
Loin de l'illusion des Cours,
Réduit, hélas! à vivre en sage,
Ne l'ayant pas été toujours,
La retraite est mon seul recours;
Je ne ferai plus de voyage.
Que la Gloire, avec les Amours,
Couronne près de Cracovie,
Un Prince aimé de la Patrie,
Qui lui promet de si beaux jours;
Trop éloigné de sa personne,
Je me borne à former des vœux.
On lui décerne une couronne,
Et je voudrois qu'il en eût deux.

F ij

VERS

Adreſſés en 1756 à l'Académie Françoiſe, ſur ce qu'il n'y eut point cette année là de ſéance le jour de ſaint Louis.

Coquette ſans pudeur, fiere de mille amans,
Femme à quarante époux, preſque tous impuiſſans,
Mere de quelques mots, régente d'orthographe,
En ton jour ſolemnel tes autels ſont déſerts,
L'on ne t'adreſſe plus de proſe ni de vers,
Et l'on n'eſt occupé que de ton Epitaphe.

Attribués à Piron.

EXTRAIT

D'une Lettre de M. de Voltaire
à M. l'Abbé de Voifenon, qui
lui avoit envoyé un Poëme
lyrique, intitulé : *Les Ifraéli-*
tes fur la Montagne d'Oreb *.

Mon cher Evêque, j'ai été enchanté
de votre fouvenir & de votre beau Man-
dement Ifraélite ; on ne peut pas mieux
demander à boire. C'eft dommage que Moïfe
n'ait donné que de l'eau à ces pauvres gens ;
mais je me flatte que vous ferez pour Pâ-
que prochain au moins une Nôce de Cana ;
ce miracle eft bien au-deffus de l'autre, &
rien ne vous manquera plus quand vous
aurez appaifé la foif des buveurs de l'an-

---

* Ce Poëme ou Motet François, exécuté en 1758 au
Concert Spirituel, eft imprimé dans le Journal Ency-
clopédique du 15 Avril 1758. M. l'Abbé de Voifenon,
en l'envoyant à M. de Voltaire, avoit figné fa Lettre
l'Evêque de Montrouge, furnom qu'on lui avoit donné
dans une maifon que M. le Duc de la Valliere avoit
près de Paris.

F iij

cien & du nouveau Teſtament. Franche-
ment, votre petit Ouvrage eſt très-bien fait
& très-lyrique. Mondonville doit vous avoir
beaucoup d'obligation, & j'ai plus de ſoif
de vous revoir, que vous n'en avez de venir à mes petites délices..... Nous vous
aurions très-bien logé ; nous vous aurions
fait manger force Gélinotes, & de groſſes
Truites ; nous vous aurions crevé, & Monſieur Tronchin vous auroit guéri : mais
vous n'êtes pas un Prêtre à faire une miſ-
ſion chez nous autres Hérétiques ; jamais
votre zele ne ſera aſſez grand pour venir
ſur notre beau lac de Geneve : je vous aver-
tis pourtant qu'il y a de très-jolies femmes
à convertir dans Lauzanne. Madame De-
nis ſe ſouvient toujours de vous avec bien
de l'amitié, & n'en compte pas ſur vous
davantage ; vous nous écrivez une fois en
cinq ans ; nous reconnoiſſons là les mœurs
de Paris ; encore eſt-ce beaucoup que dans
vos diſſipations vous vous ſoyez une fois
reſſouvenu de vos amis qui ne vous ou-
blient jamais, & qui ſavent, autant que vos
Pariſiennes, combien vous êtes aimable.
Nous ne regrettons pas beaucoup de choſes ; mais nous regrettons toujours le très-
volage Evêque de Montrouge.

VERS

DE M. DE VOLTAIRE

A Madame la Ducheſſe DE RICHELIEU,

Préſentés en 1734.

PLus mon œil étonné vous ſuit & vous obſerve,
Et plus vous raviſſez mes eſprits éperdus,
  Avec les yeux noirs de Vénus,
  Vous avez l'eſprit de Minerve.
Mais Minerve & Vénus ont reçu des avis,
  Il faut bien que je vous en donne ;
Ne parlez déſormais de vous qu'à vos amis,
  Et de votre pere à perſonne.

F iv

ÉPÎTRE

DE M. DE VOLTAIRE

A M. DE SAINT-LAMBERT.

Tandis qu'au-deſſus de la terre,
Des aquilons & du tonnere,
L'interprete du grand Newton,
Dans les routes de la lumiere,
Conduit le char de Phaëton
Sans verſer dans cette carriere;
Nous attendons paiſiblement,
Près de l'onde caſtalienne,
Que notre Héroïne * revienne
De ſon voyage au Firmament;
Et nous aſſemblons pour lui plaire,
Dans ces valons & dans ces bois,
Ces fleurs dont Horace autrefois
Faiſoit des bouquets pour Glycere;
Saint-Lambert, ce n'eſt que pour toi
Que ces belles fleurs ſont écloſes,
C'eſt ta main qui cueille les roſes,
Et ſes épines ſont pour moi.
Ce vieillard chenu qui s'avance,
Le Temps, dont je ſubis les loix,
Sur ma lyre a glacé mes doigts;

---

* La Marquiſe du Châteler.

Et des organes de ma voix
Fait frémir la sourde cadence.
Les Graces dans ce beau vallon,
Les Dieux de l'amoureux empire,
Ceux de la flûte & de la lyre
T'infpirent les aimables fons,
Avec toi danfent aux chanfons,
Et ne daignent plus me fourire.
Dans l'heureux printemps de tes jours,
Des Dieux du Pinde & des amours,
Saifis la faveur paffagere;
C'eft le temps de l'illufion,
Je n'ai plus que de la raifon:
Encore, hélas! n'en ai-je guere.
Mais je vois venir fur le foir,
Du plus haut de fon aphélie,
Notre aftronomique Emilie
Avec un vieux tablier noir,
Et fa main d'encre encore falie;
Elle a laiffé là fon compas,
Et fes calculs, & fa lunette;
Elle reprend tous fes appas,
Porte-lui vîte à fa toilette
Ces fleurs qui naiffent fur tes pas,
Et chante lui fur ta mufette
Ces beaux airs que l'amour repete,
Et que Newton ne connut pas.

Cette piece eft déja ancienne, & n'eft point dans les Œuvres de M. de Voltaire.

F v

VERS

DE M. DE VOLTAIRE

*En réponfe à ceux que Meffieurs de la
Harpe & Chabanon lui avoient adreffés
fur faint François fon Patron. 1767.*

Ils ont berné mon capuchon,
Rien n'eft fi gai, ni fi coupable;
Qui font donc les enfans du Diable ?
C'eft la Harpe , c'eft Chabanon.
Ce couple agréable & fripon
A Vénus vola fa ceinture,
Sa lyre au divin Apollon,
Et fes pinceaux à la Nature.
Je le crois , dit le Pénaillon,
Car plus d'une fille m'affure
Qu'ils m'ont auffi pris mon cordon.

BILLET
DE M. DE VOLTAIRE
A M. DESTOUCHES,
Pour l'inviter à souper.

AUteur folide, ingénieux,
Qui du Théatre êtes le maître,
Vous qui fites le Glorieux,
Il ne tiendroit qu'à vous de l'être ;
Je le ferai, j'en fuis tenté,
Si demain ma table s'honore
D'un convive tant fouhaité,
Et je fentirai plus encore
De plaifir que de vanité.

VERS

Sur le Maréchal de Saxe.

INstruit par le malheur de ses plus jeunes ans,
Cher au Peuple, à l'Armée, au Prince, à la Vic-
  toire,
Redouté des Anglois, haï des Courtisans,
  Il ne manque rien à sa gloire.

REMERCIMENT
DE PIRON
A l'Abbé TRUBLET.

HOmmage & gloire à l'Auteur des Essais
Et de Morale & de Littérature.
Plus on te lit, plus, cher Abbé, tu plais,
Ce n'est ici gracieuse imposture,
Ni faux encens. Ton œil observateur
Perce les plis & les replis du cœur,
Et voit très-clair, & sans faute y sait lire.
Au fond du mien lis donc à ton honneur
Plus mille fois que l'esprit ne peut dire.

Piron a loué si rarement, qu'un éloge
sorti de sa plume devient plus piquant
qu'une épigramme.

ORDONNANCE

DE MÉDECINE

POUR LES MARIS.

Pour guérir ce grand mal qui vient quoiqu'on y
  pense ;
Je suis bon Médecin, prenez mon Ordonnance.
Pour l'avenir prenez, force Precaution ;
Pour le préfent prenez, un peu de Patience ;
Pour le paffé, l'Oubli, la Douleur, le Silence,
Et prenez tout cela fans confultation.

DUFRESNY.

TRIOLET
DU PERE DU CERCEAU
CONTRE BOILEAU.

CE Boileau, qui fut autrefois
Le Chaffe-coquin du Parnaffe,
N'eft plus fur l'Hélicon françois
Ce Boileau qui fut autrefois.
Phœbus le voyant aux abois,
A dit aux Mufes : Que l'on chaffe
Ce Boileau, &c.

Non imprimé dans les Œuvres de du
Cerceau.

FRAGMENT
D'UNE TRAGEDIE
De M. Lefevre, eleve de M. de Voltaire.

Nota. Monfieur Lefevre eft connu par les lettres de Monfieur de Voltaire, qui chercha vainement à le détourner de la Littérature. Il eft mort en 1734, âgé de vingt-un an. La Tragédie, dont on donne ici un morceau, n'a point été finie.

LA SULTANE, ÉGIS (*fon Confident*).

LA SULTANE.

ÉGis, l'excès d'amour eft voifin de la haine,
Et la tendreffe expire auffi-tôt qu'on l'enchaîne ;
Le Sultan, de l'Hymen allumant le flambeau,
De fes feux, dans mes bras, a trouvé le tombeau :
Sans cela, penfes-tu qu'un zele chimérique
L'eût forcé d'accomplir un ferment fantaftique ?
Et qu'il m'eût fait courir au bout de l'univers
Pour y chercher un Dieu préfent même aux enfers ?
Il fait qu'un temple vain que le caprice fonde
N'enferme point le Dieu qui renferme le monde,
Et que les vœux d'un cœur innocent & pieux
N'ont dependus jamais ni des temps ni des lieux.
Mais l'ingrat fe flattoit qu'un élément funefte
Dégageroit fa foi d'un lien qu'il détefte, &c.

ANALYSE
DU GUSTAVE DE PIRON,
PAR BOISSY,

Tirée des Etrennes de la Bagatelle,
Comédie.

L'An que du fond du Nord un Héros fortira,
Il effacera tout par fa clarté fuprême;
Le grand Guftave étonnera
Par fes beautés & par fes défauts même.
Jufques à fon habit, tout en lui charmera,
Grand Dieu! quelle riche abondance!
De fituations contre la vraifemblance!
Et que de lieux communs, heureufement coufus
A des événemens qu'on n'aura jamais vus!
Un fonge, une reconnoiffance,
Des monologues tant & plus,
Une longue oraifon funebre
D'un Prince vivant qu'on célebre,
Des traveftiffemens, des confpirations,
Des emprifonnemens & des profcriptions,
Une fédition fubite
Qui change tout-à-coup les décorations;
Un enlevement, une fuite,
Un combat fur la glace, où faifant le plongeon,

Par un prodige heureux la fille de Stenon
 Difparoîtra fous l'eau toute habillée,
  Puis reviendra fur l'horifon
Pour nous en informer, fans paroître mouillée :
Puis, par un dernier trait, digne d'être vanté,
Après tant de périls, de fracas, de furie,
La Piece finira dans la tranquillité,
Et hors un Confident, qui feul perdra la vie,
  Les Acteurs de la Tragédie
Se retireront tous en fort bonne fanté.

Fin du Tome premier.

TABLE

Des Pieces contenues dans le
Tome premier.

www.ingramcontent.com/pod-product-compliance
Lightning Source LLC
Chambersburg PA
CBHW060146100426
42744CB00007B/926